本书由国家社科基金青年项目“社会保障安全网在巩固脱贫攻坚成果中的作用机制研究”（21CJL017）资助出版

巩固脱贫攻坚成果的金融支持研究

——基于相对贫困的视角

Research on Financial Support to Consolidate the Achievements of Poverty Alleviation: Based on the Perspective of Relative Poverty

彭千芮 著

湘潭大学出版社
XIANGTAN UNIVERSITY PRESS

引　言

2020年底，我国实现了现行标准下农村贫困人口全面脱贫，历史性地解决了千百年来困扰中华民族的绝对贫困问题。然而，绝对贫困的消除仅仅是中国在减贫道路上的阶段性胜利，低收入群体生计中深层次的脆弱性问题依然严峻，各种风险所带来的返贫问题和相对贫困不容忽视，中国进入由消除绝对贫困向解决相对贫困转变的新阶段。党的二十大报告提出，要巩固拓展脱贫攻坚成果，增强脱贫地区和脱贫群众内生发展动力。在金融动荡和不平等加速发展的经济背景下，中国贫困人口面临着更加复杂与艰难的金融市场环境和多重挑战。鉴于此，本书从理论分析与实证研究展开讨论，探索相对贫困衡量的新方式，分析金融支持巩固脱贫攻坚成果的效应与机制，为2020年后中国的减贫战略由消除绝对贫困转变为解决相对贫困提供理论指导与政策依据。

本书遵循“提出问题—分析问题—解决问题”的研究思路，从相对贫困内涵的新角度，为“建立解决相对贫困长效机制”提供金融支持。首先，通过对现有研究进行归纳和梳理，发现主要研究的聚焦点和不足，明确本书的研究重点。其次，通过对贫困治理以及金融支持反贫困的发展历程进行跟踪，运用多种方法对中国相对贫困进行测度。再次，检验理论分析所提出的金融发展、金融供给与金融能力对相对贫困的影响并分析三者解决相对贫困的环境优化效应、产业扶持效应与个体行为效应。最后，基于研究发现，提出金融支持巩固脱贫攻坚成果、解决中国相对贫困的政策建议。

通过研究本书得到以下结论：(1) 从宏观层面和微观层面运用夜间灯光指数法和低保人数恒等法，绝对贫困乘数法和中位收入比例法对相对贫困程度进行衡量。从宏观层面来看，无论是基于 DMSP-OLS 的夜间灯光指数法还是基于 NPP-VIIRS 的夜间灯光指数法，均能得到一致的结论，相对贫困程度最低的省（市、自治区）是上海市，最高的是西藏自治区。从微观层面来看，东部地区的相对贫困程度远远低于中部、西部、东北部地区，且在当前城乡差距较大的背景下将城镇与农村分别讨论的基于中位收入比例法的衡量方式更为科学严谨。(2) 金融发展和信贷环境优化为解决相对贫困的有效因素，金融发展可通过改善信贷环境从而有效解决相对贫困。另外，一个地区普惠金融发展水平对解决相对贫困有显著的促进作用。同时，邻近城市的普惠金融发展水平具有明显的空间溢出效应。普惠金融不仅通过提高收入、促进经济增长、提高自有资本缓解贫困，而且还通过溢出效应显著降低周边城市的相对贫困率。(3) 无论是基于绝对贫困乘数法的相对贫困还是基于中位收入比例法的相对贫困，正规金融供给和非正规金融均能有效解决相对贫困，且在农村和城镇地区正规与非正规金融供给之间均表现为互补作用。此外，正规和非正规金融供给均能通过产业扶持解决相对贫困。产业扶持在正规金融供给和非正规金融供给解决基于绝对贫困乘数法的相对贫困中介效应占比分别为 5.17％和 9.92％，在解决基于中位收入比例法的相对贫困中介效应占比分别为 5.58％和 11.71％。(4) 金融能力可以显著改善居民相对贫困状况，且金融能力对于城镇地区贫困状况的影响比农村地区更显著。运用中介效应模型进一步分析金融能力对贫困影响的作用机理发现，金融能力可以通过提高金融决策从而缓解居民相对贫困状况，在两种不同的贫困状况衡量方式下，金融决策的中介效应占比分别为 16.47％和 18.94％，即金融能力越高，居民做出有效金融决策的可能性越高，从而促进财富的积累，抑制相对贫困的发生。

本书的创新可能体现在以下两个方面：第一，构建以夜间灯光指数法、低保人数恒等法、中位收入比例法和绝对贫困乘数法为核心的多层次相对贫困衡量指标体系。现有研究对于相对贫困的衡量多从居民收入数据出发，尚未形成权威、统一的标准且缺乏动态跟踪体系。本书将利用夜间灯光指数法、低保人数恒等法、中位收入比例法和绝对贫困乘数法对相对贫困进行多层次衡量，建立宏观与微观相结合的相对贫困衡量指标体系。第二，将金融发展、金融供给、金融能力三个层次纳入同一分析框架研究金融支持巩固脱贫攻坚成果的效应和途径。现有研究对于金融支持反贫困的研究多从信贷支持或者非正规金融的单一视角切入，鲜有多角度的金融支持研究框架。本书将金融支持的内涵分解为金融发展、金融供给、金融能力，从理论层面解释金融支持对解决相对贫困的影响及其机制，将三个层次对相对贫困的影响归纳为环境优化效应、产业扶持效应和个体行为效应，并运用多种实证方法进行检验，为新时期巩固脱贫攻坚成果，推动解决相对贫困提供科学合理的改革思路和政策建议。

目　　录

第 1 章　绪　论

1.1　问题的提出

1.1.1　选题背景

贫困是一种普遍存在的社会现象，是吞噬人类社会机体的毒瘤。20 世纪末，由于发展中国家优先发展现代化工业而产生的二元经济结构以及城乡资源错配问题，导致农村发展长期滞后于城市，经济发展结构持续性失衡，贫困问题及城乡发展不均衡问题始终是党和国家关注的核心议题。改革开放以来中国的经济发展史可以称为绝对贫困人口脱贫史，中国的农村贫困人口由 1978 年的 7.7 亿人减少至 2019 年的 551 万人，贫困发生率由 97.5%下降至 1%①，区域协调发展和城乡统筹发展战略的实施有效改善了农村偏远地区的发展状况，“涓滴效应”无法触及的群体在政府专项扶贫计划下得到了保障，这一减贫成就可以称得上人类减贫史上的奇迹，同时中国也是全球首个完成联合国千年发展目标的国家，为世界减贫历程做了巨大贡献。数据显示：在现行贫困标

① 数据来源：国家统计局《中国住户调查年鉴》。

准下①，2010 年中国仍存在 16567 万贫困人口，贫困发生率为 17%，而到了 2019 年，贫困人口为 551 万人，贫困发生率为 1%，如图 1-1 所示。到了 2020 年末，现行标准下的贫困人口全部脱贫，贫困县全部“摘帽”，消除区域性整体贫困。

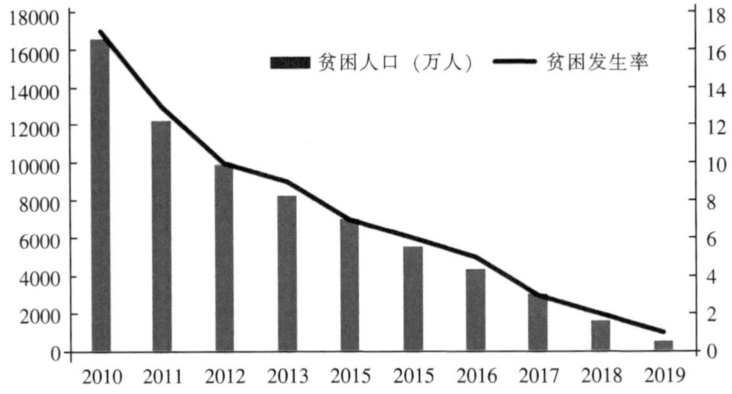

图 1-1　2010~2019 年中国贫困人口及贫困发生率

绝对贫困的消除仅仅是中国在减贫道路上的阶段性胜利，并不代表中国减贫事业的终止。党的二十大报告指出：“全面建设社会主义现代化国家，最艰巨最繁重的任务仍然在农村。”2019 年中国城乡居民收入倍差仍高达 2.64，将收入按五等份分组，20%高收入与 20%低收入居民之间的倍差较大，全国居民之间的倍差为 10.35，尤其是农村居民的收入分配差距在持续扩大②。从居民收入的偏态分布来看，运用居民平均收入与居民收入中位数来衡量收入分配差距可知，2019 年全体居民平均收入是居民收入中位数的 1.16 倍，收入不平等程度呈现上升的趋势，尤其是农村居民内部收入差距始终保持着较高的水平，如图 1-2 所示。毋庸置疑，相对贫困问题是不平衡不充分发展的重要体现，相对贫困的解决

① 现行农村贫困标准是“按 2010 年价格水平每人每年 2300 元”。由于物价水平变化，同一标准在不同年份需要进行年度调整，以确保其代表的生活水平不变。按相应年份的价格水平，现行贫困标准在 2010 年是每人每年 2300 元，2011 年是 2536 元、2012 年是 2625 元、2013 年是 2736 元、2014 年是 2800 元、2015 年是 2855 元，2016 年是 2952 元，2017 年是 2952 元，2018 年是 2995 元，2019 年是 3218 元。同一条标准在不同年份，虽然数值不同，但都代表了同一种生活水平，年度间是可比的。

② 数据来源：国家统计局《中华人民共和国 2019 年国民经济和社会发展统计公报》。

是化解发展不平衡不充分难题的必然要求。党的十九届四中全会提出“坚决打赢脱贫攻坚战，巩固脱贫攻坚成果，建立解决相对贫困的长效机制”。中国的减贫事业由消除绝对贫困进入解决相对贫困的新阶段。

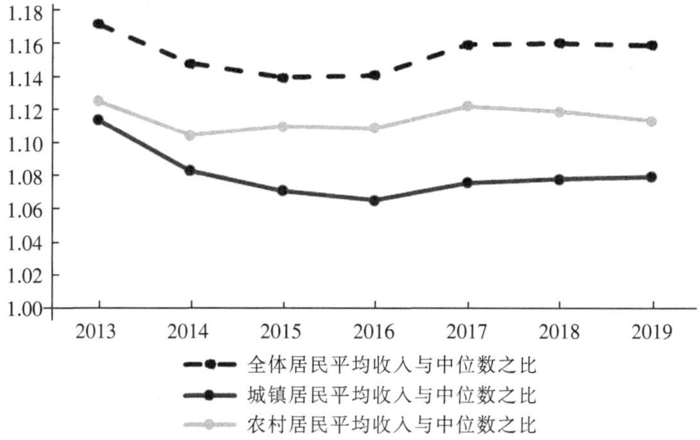

图 1-2　2013~2019 年居民收入分配差距

2015 年中央扶贫开发工作会议中，习近平总书记明确指出“要加大扶贫资金整合力度，做好金融扶贫这篇文章，加快农村金融改革创新步伐”。随后，金融支持作为脱贫攻坚政策保障和支撑体系开展战略部署。2017 年，习近平总书记在山西太原组织召开全国深度贫困地区脱贫攻坚座谈会强调，要“加大金融扶贫支持力度”，要求金融系统制定差异化信贷支持政策、加快审核符合条件的企业首次公开发行股票、提高保险服务水平等。金融作为现代经济运行的神经中枢，其体系结构及运行效率对一国经济发展和个体与家庭的生产生活及福祉水平的提升发挥着重要作用。金融支持解决相对贫困可以显著实现“精准化脱贫，脱贫不返贫”，形成卓有成效的“造血式”扶贫。一方面，金融支持可满足具备专业化生产能力贫困户的有效金融需求，支持其进行专业化生产，实现这一类贫困户参与金融市场的权利。另一方面，金融支持提供信贷有平滑消费的作用，解决贫困户因意外风险退出市场专业化生产的问题，进一步稳固了贫困户的平等参与权。此外，资金对地方产业的发展至关重要，金融支持引导资金流向贫困地区，支持贫困地区特色产业的发展，由此增加了贫困户参与市场专业化生产的可能。

尽管金融的逐利性决定了其无法直接作用于贫困户全面保障权的覆盖，然而金融支持可通过经济增长的传导机制提高保障权的覆盖面。

麦金龙和肖在20世纪70年代同时提出金融深化论，他们指出金融发展和金融自由化可以加快经济增长的速度。Romer（1986）、Lucas（1988）等的研究指出，金融发展可通过改变储蓄率和储蓄再分配影响资本积累率，进而影响经济的增长，从而改善贫困状况。因此，本书的第一个研究视角将从金融环境切入，研究金融发展程度对于相对贫困的影响。在贫困地区，“抵押难、担保难、融资难”诸多问题已成为制约地区经济发展和贫困户收入增长的重要因素。正规金融供给结构和需求结构存在显著的矛盾，非正规金融作为正规金融的有效补充，在相对贫困地区发挥着不可比拟的作用。由此，金融供给是本书的第二个研究视角，从正规金融与非正规金融供给两个方面研究对相对贫困的影响。不同于依赖补贴的财政扶贫，金融支持解决相对贫困的对象应是既有需求又有能力的贫困人群，即金融支持解决相对贫困的核心在于可行能力的提升。对于有金融需求、有生产意愿且有生产能力但缺乏金融支持的贫困群体，有效的金融扶贫资金可以激发其内生性增长动力。鉴于此，本书的第三个研究视角将从金融能力出发，探索个体金融能力对相对贫困的影响。

中国贫困人口在金融市场中由于或主动或被动的原因“边缘化”，金融机构在农村金融市场“沙漠化”，金融资源向更富裕的群体倾斜，金融机构与贫困人口之间存在着巨大的金融鸿沟。在金融动荡和不平等加速发展的经济背景下，中国贫困人口面临着更加复杂与艰难的金融市场环境和多重挑战，贫困的内涵和识别方式有所改变，相对贫困该如何衡量？金融支持能否有效解决相对贫困？金融支持解决相对贫困的路径和机制是什么？鉴于此，本书将从理论分析与实证研究展开讨论，探索相对贫困衡量的新方式，分析金融支持解决相对贫困的效应与机制，推进金融扶贫理论的研究，为巩固拓展脱贫攻坚成果提供理论指导与政策依据。

1.1.2 理论价值

本书的理论价值主要体现在对巩固脱贫攻坚成果的金融支持进行理论解

释，从金融支持的多维度内涵探究相对贫困的效应和机制。具体体现在以下方面：

第一，为金融支持解决相对贫困提供可借鉴的理论分析框架。现有关于贫困难题破解的研究，或从财政转移支付角度，或从社会保障兜底视角，大多表现为“单维度”分析，系统地研究金融支持解决相对贫困者不多，定性与定量分析相结合的研究更少。本书从金融发展、金融供给与金融能力三个维度研究金融支持解决相对贫困的效应与机制，在定性分析的基础上运用定量分析方法，为解决相对贫困的金融支持研究提供完整、系统的理论分析框架。

第二，有助于丰富马克思主义贫困理论的金融内涵。马克思主义理论从产生到生根于中国经历了百余年的历史，在当前经济发展与贫困问题矛盾转变的新时期，马克思主义理论将继续为中国的前进道路指明方向。在本书的研究过程中，归纳整理了马克思主义贫困理论的起源、发展和体系构建，总结马克思主义贫困理论的逻辑内涵，试图将金融支持融入其中，为丰富马克思主义贫困理论的金融内涵尽绵薄之力。

第三，为金融支持解决相对贫困的核心机制提供理论指导。金融体系结构及运行效率对国民经济以及个体与家庭的生产生活、福祉水平的提升发挥着重要作用。金融支持通过“造血式”扶贫解决相对贫困，为有能力、有需求的相对贫困户提供金融服务和资金支持，显著改善贫困状况，实现“脱贫不返贫”。本书基于理论分析与实证检验深入探索金融支持解决相对贫困的核心机制，为金融反相对贫困的机理研究提供理论指导。

1.1.3 实践意义

本书的实践意义主要体现在以下三个方面：

第一，为 2020 年后中国相对贫困的识别提供基本思路。当前中国已经进入减贫进程的历史新时期，2020 年后的减贫工作的重点在于巩固脱贫攻坚成果。对于新时期相对贫困的识别，本书从宏观与微观层面提出夜间灯光指数法、低保人数恒等法、中位收入比例法以及绝对贫困乘数法的多层次相对贫困衡量体系，并对相对贫困进行动态跟踪，有效识别帮扶措施的受众群体，为各项扶贫政策的实施提供惠及不同收入群体的有效参考。

第二，推进解决中国发展不平衡不充分的现实问题。党的二十大报告指出，中国发展不平衡不充分问题仍然突出，城乡区域发展和收入分配差距仍然较大。长期以来，中国城乡居民收入差距居高不下，全体居民、城镇居民、农村居民内部收入差距同样较大，解决相对贫困则是解决中国发展不平衡不充分问题和巩固脱贫攻坚成果的必要条件。因此，本书拟从金融支持的视角探索解决相对贫困的长效机制，推进解决中国发展不平衡不充分的现实问题。

第三，为新时期中国解决相对贫困的政策体系构建提供支持。随着贫困形势的改变和反贫困战略的调整，新时期解决相对贫困的政策体系急需重塑。尽管贫困县已全部实现“摘帽”，但中国地区发展差异仍然明显，区域发展不平衡问题是全面建设小康社会的重要阻碍。本书通过理论与实证分析，根据经济与社会发展实际情况，提出一系列合理有效的政策建议，为新时期中国解决相对贫困的政策体系构建提供支持。

1.2 研究框架、内容和方法

1.2.1 总体框架

本书从“什么是相对贫困?”“为何要用金融支持解决相对贫困?”“金融支持能解决相对贫困吗?”以及“金融支持是如何解决相对贫困的?”这四个问题出发，总体遵循“提出问题—分析问题—解决问题”的研究思路，从相对贫困内涵的新角度，为巩固脱贫攻坚成果提供金融支持。具体研究思路如下：首先，问题提出。基于现行标准下绝对贫困现象完全消除的历史背景，政府相关部门和学术界将研究重点由绝对贫困的消除转向相对贫困的解决。基于此，本书通过对现有研究进行归纳和梳理，发现其主要研究的聚焦点和不足，明确本书的研究重点，即从理论分析与实证检验回答“什么是相对贫困?”“为何要用金融支持解决相对贫困?”“金融支持能解决相对贫困吗?”以及“金融支持是如何解决相对贫困的?”这四个问题。其次，分析问题。本书通过对贫困治理以及金融支持反贫困的发展历程进行跟踪，运用多种方法对中国相对贫困进行测度并预测“十四五”时期相对贫困状况，根据理论分析所提出的金融发展、金融供给与金融能力，在相对贫困的视角下检验其巩固脱贫攻坚成果的效果。最后，解决问题。通过全书的研究提出金融支持巩固脱贫攻坚成果的政策建议。具体而言，包括“问题提出—理论基础—历程跟踪—识别测度—实证检验—政策建议”六大内容。

1.2.2 主要内容

根据全书研究框架和思路，本书结构安排为 8 章，具体内容如下：

第 1 章：绪论。本部分主要阐述全书研究背景，由此延伸所研究内容的理论价值和实践意义，简要介绍本书的整体研究框架、具体研究内容和研究方法，并提出本书可能的创新与不足之处。

第 2 章：金融支持巩固脱贫攻坚成果的文献综述。通过对与金融支持反贫困的相关文献进行归纳和总结，发现现有研究的成就和不足，从而明确本书研究的方向。首先，对相对贫困的内涵及测度进行梳理，总结国外典型国家和国际组织对于相对贫困的理解和测度方法，梳理中国实行反贫困战略以来贫困的内涵演进和贫困线的变化；其次，从财政支出、经济增长和社会资本三个方面归纳其对贫困的影响及其机制，梳理不同学者得到的不同结论；再次，综述金融支持反贫困的直接作用和间接作用；最后，针对中国反贫困的政策研究，梳理普惠金融、社会保障以及基层自治组织反贫困的研究成果。

第 3 章：基于金融赋权的反贫困理论基础。基于马克思主义贫困理论及其在中国的实践，对反贫困理论进行一般性分析，从自然地理环境、社会文化条件、制度安排构建等方面分析贫困的产生原因及其治理内核，制度保障是贫困治理的根本前提，大力发展生产力是贫困治理的关键环节，最终实现共同富裕是贫困治理的根本目标。基于此，提出金融反贫困的必要性，并从环境优化效应、产业扶持效应、个体行为效应三个层次论证金融反贫困的作用机理。

第 4 章：中国相对贫困的特征事实与识别测度。本章基于改革开放以来金融支持中国贫困治理的历程和成就，提出中国相对贫困的测度方法，结合宏观层面和微观层面对中国相对贫困状况进行识别测度。具体而言，本章将从夜间灯光指数法、低保人数恒等法、中位收入比例法与绝对贫困乘数法四种方法入手，对中国相对贫困进行测度，分别从宏观层面与微观层面探索能更全面、客观地反映经济社会问题的相对贫困测度，为未来政府制定相对贫困衡量标准提供有效参考，同时为后文金融支持解决相对贫困的检验奠定基础。

第 5 章：金融发展巩固脱贫攻坚成果的环境优化效应研究。本章旨在检验第三章理论基础所提出的金融发展解决中国相对贫困的环境优化效应，通过构建计量模型实证检验金融发展解决中国相对贫困的直接作用，并检验其环境优化效应。此外，本章进一步构建普惠金融指数检验普惠金融战略解决中国相对贫困的直接影响和空间溢出效应，并探索其作用机制。

第 6 章：金融供给巩固脱贫攻坚成果的产业扶持效应研究。本章旨在检验第三章理论基础部分所提出的金融供给解决中国相对贫困的产业扶持效应，本部分将金融供给划分为正规金融供给和非正规金融供给，分别检验其对相对贫困的解决效应，并通过正规金融和非正规金融的交互项探索正规金融和非正规金融的替代或互补作用。进一步地，通过中介机制检验正规金融供给和非正规金融供给通过产业扶持效应从而解决相对贫困。

第 7 章：金融能力巩固脱贫攻坚成果的个体行为效应研究。本章基于有效需求的视角，利用 2017 年中国家庭金融调查（CHFS）数据和宏观数据匹配，通过因子分析法构建居民金融能力指数，运用 Probit 模型和中介效应模型实证分析金融能力对贫困的影响以及金融能力、金融决策与贫困之间的作用机理。并运用工具变量法解决模型中的内生性问题，从而提高实证模型的精准性。

第 8 章：金融支持巩固脱贫攻坚成果的总体思路与政策建议。在前文理论分析与实证检验的基础上，根据相对贫困的识别测度提出在 2020 年后中国相对贫困的精准识别依据，并从金融发展、金融供给和金融能力三个层面提出金融支持解决相对贫困的政策建议。

1.2.3 研究方法

本书研究所体现的研究方法有：

唯物辩证与理论分析相结合。经济学不同于物理学存在放之四海而皆准的普遍法则，它有一个完整的、核心的理论体系，但是每个系统、行业或者地区都有其不尽相同的特征。它们既是协调一致的，又是存在矛盾的。以唯物辩证法为科学而全面地探索相对贫困发展的动力、形式和过程的基本方法，对金融支持反贫困各个阶段的发展历程进行梳理，判断不同地区或者行业的异同，达到科学理解，而科学理解的重要前提则是基于系统、完整的理论分析。因此，本书将运用唯物辩证与理论分析相结合的研究方法，深入探究相对贫困的内涵以及金融支持解决相对贫困的理论机制。

归纳演绎与数理分析相结合。归纳演绎要求从众多的经验事实中发现一般性规律，由表及里、由浅入深进行分析和提炼，再基于基本假设由一般到个别解释经济现象，最终形成反映客观事物本质的系统理论。本书基于马克思主义贫困理论分析的一般规律，利用居民收入和城市灯光的数据事实，结合数理分析方法，对中国相对贫困状况进行衡量、预测并分析其地区差异，由此提炼一般性结论和政策建议。这体现了由整体性到具体问题的分析，再由具体分析的结论上升到一般性讨论的过程。

实证检验与规范分析相结合。在明确了中国相对贫困的多层次衡量方式、金融支持解决相对贫困理论机制的基础上，本书通过构建计量模型，综合运用地市级面板数据和全国大型调研微观数据库，从金融发展、金融供给与金融能力的角度实证检验金融支持对相对贫困的线性与非线性关系，得到合理、可靠的且与理论分析结论相一致的实证检验结论。在实证检验的基础上，进一步运用规范分析法，对所获得的结论进行价值判断以及合理经济意义的检验，分析其内在原因并最终提出行之有效的政策建议。

1.3 总体框架图

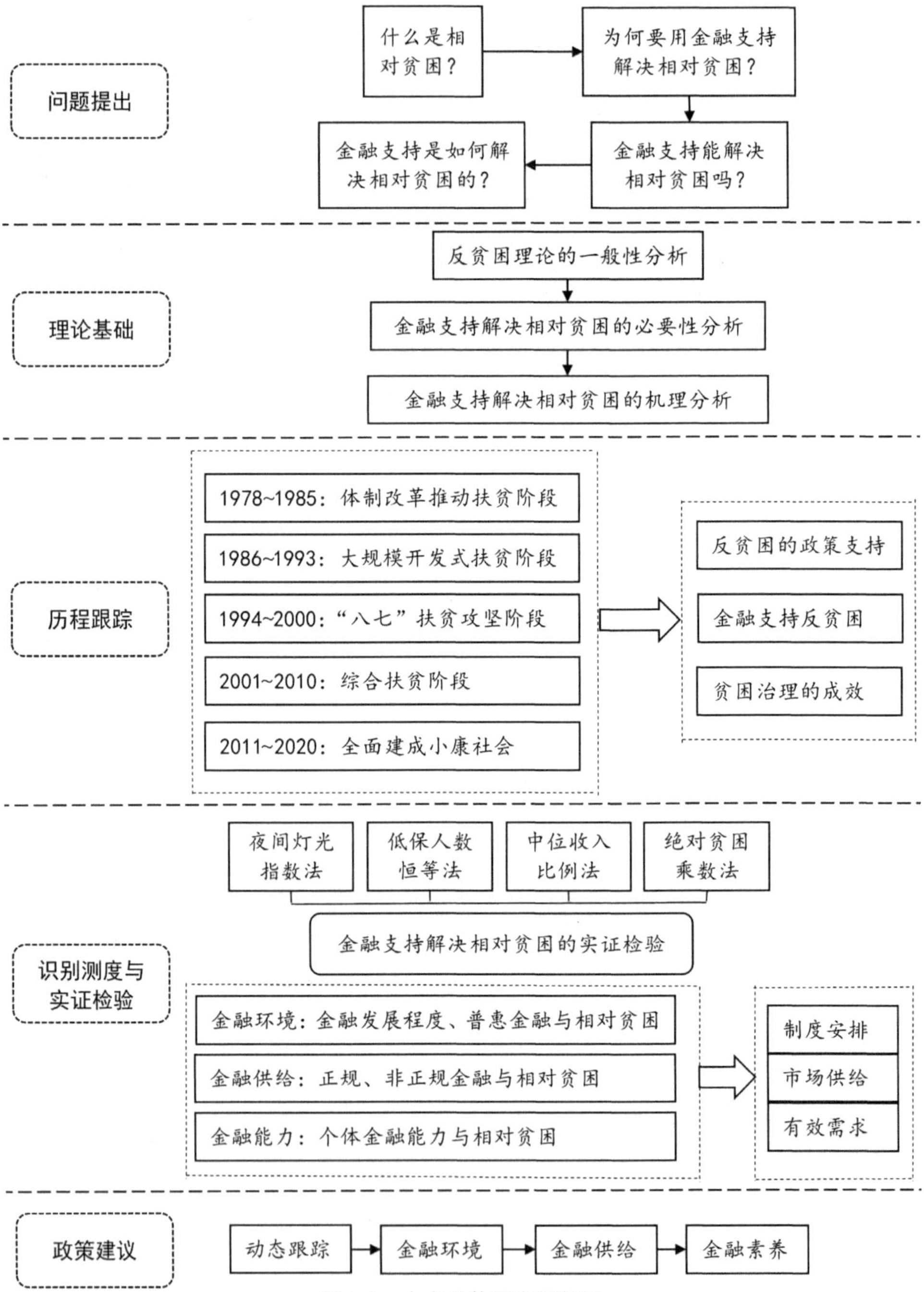

图 1-3　本书总体研究框架图

1.4 可能的创新与不足

1.4.1 可能的创新

本书可能的创新主要体现在以下两个方面：

第一，构建以夜间灯光指数法、低保人数恒等法、中位收入比例法和绝对贫困乘数法为核心的多层次相对贫困衡量指标体系。现有研究对于相对贫困的衡量多从居民收入数据出发，尚未形成权威、统一的标准且缺乏动态跟踪体系。本书将利用夜间灯光指数法、低保人数恒等法、中位收入比例法和绝对贫困乘数法对相对贫困进行多层次衡量，建立宏观与微观相结合的相对贫困衡量指标体系。

第二，将金融发展、金融供给、金融能力纳入同一分析框架研究金融支持解决相对贫困的效应和途径。现有研究对于金融支持反贫困的研究多从信贷支持或者非正规金融的单一视角切入，鲜有多角度的金融支持研究框架。本书将金融支持的内涵从宏观、中观、微观层次分解为金融发展、金融供给、金融能力，从理论层面解释金融支持对解决相对贫困的影响及其机制，将三个层次对相对贫困的影响归纳为环境优化效应、产业扶持效应和个体行为效应，并运用多种实证方法进行检验，为新时期推动解决相对贫困提供科学合理的改革思路和政策建议。

1.4.2 不足之处

本书研究的不足之处主要体现在：第一，由于统计数据的局限和统计口径的不一致，本书所研究的相对贫困状况时间跨度并不长，难以对改革开放以来甚至新中国成立以来的相对贫困状况加以衡量，这也是未来应努力的方向，尝试利用相应的统计和计量方法，构建并计算改革开放以来的具有可比较性的相对贫困率。第二，本书所提出的夜间灯光指数法、低保人数恒等法、绝对贫困乘数法、中位收入比例法四种相对贫困的识别测度方法更多是基于经验分析提出，并未经实践检验，仍需要不断发展与完善。

第2章 金融支持巩固脱贫攻坚成果的文献综述

对金融支持巩固脱贫攻坚成果的相关研究进行综述和梳理，充分吸收前人的学术观点，客观、全面地把握前沿研究动态，探索现有研究成果所做出的贡献及可延伸的视角和内容，为金融支持巩固脱贫攻坚成果的研究奠定扎实的研究基础。本章的内容主要遵循以下研究思路：首先，对相对贫困内涵的演进和界定进行梳理，并总结相对贫困的成因及其测度方法；其次，从财政支出、经济增长和社会资本等方面归纳贫困减缓的影响因素及其机制；再次，综述金融支持反贫困的直接作用与间接作用；最后，梳理关于中国反贫困的政策研究。

2.1 相对贫困的内涵、成因及测度

2.1.1 相对贫困内涵的演进及界定

贫困是一种普遍存在的社会现象，是吞噬人类社会机体的毒瘤。从某种意义上来说，人类社会发展的历史就是同贫困作斗争的历史（曹子坚，2011）。贫困从产生至今并未发生本质改变，呈现出稳定、静态、单一的状态。随着经济社会发展程度的增强和人类认知水平的提高，旧的贫困现象消除以及新的贫困概念不断更新，贫困呈现出复杂、动态、多元的新特征。学者对于贫困的研究已经逐步从原来的静态视角中抽离，将贫困的内涵由基础的收入贫困拓展到能力贫困，并

进一步发展到权利贫困。从全球视角来看，对于贫困的研究已有百余年的历史，诸多学者从多种不同的角度界定贫困的内涵。

英国经济学家朗特里（Rowntree）最早在1901年问世的《贫困：关于乡村生活的研究》一书中系统地研究贫困的概念，在对英国约克镇进行实地调查之后，首次明确了贫困的内涵，他认为，若一个家庭的总收入不能维持基本身体机能所需的如食品、住房或者其他项目的支出，那么该家庭则可能陷入了贫困。这种具有开创性的与生存或工作效率需要相关的贫困内涵占据了20世纪70年代之前的主流思想，奠定了收入贫困或绝对贫困的衡量基础。此后，众多学者对贫困的内涵进行进一步更新和拓展。随着经济社会的不断发展和进步，对于贫困的单一理解和确定已经无法满足时代发展的需要，由此相对贫困应运而生。相对贫困的概念起源于英国经济学家汤森德（Townsend）的著作《英国的贫困：家庭财产和生活标准的测量》，他首次提出贫困问题不仅在于收入和消费的不足，更是诸如教育、医疗等机会和能力的缺失。他认为，人们参与社会活动是由所拥有的资源决定的，贫困者由于资源的缺乏而相对失去了参与正常社会活动的机会和权利。由此提出相对贫困的一般性定义，即个人或家庭所拥有的资源虽然能够满足基本生活需要，但远远低于社会平均水平，因此，相对贫困者会感受到以其他社会群体作为参照的相对剥夺感。

20世纪80年代，随着对贫困问题的深入研究，对于贫困的多维度衡量逐渐出现。印度经济学家阿玛蒂亚·森（Amartya Sen）在《贫困与饥荒》、《资源、价值与发展》以及《饥饿与公共行动》等多部著作中详细阐述贫困的多维性，即“能力贫困”。他强调，尽管贫困存在相对性，但相对贫困并不能完全取代绝对贫困成为贫困的定义，对于贫困内涵的衡量不应去除绝对核心，贫困即是可行能力的绝对剥夺。20世纪90年代之后，学者逐渐将研究重点放在“权利贫困”，将脆弱性、排斥性等概念引入贫困的内涵。Chamber（1995）提出，贫困不仅仅包括收入、支出水平和发展能力较低，还包括脆弱性、话语权缺失以及所受到的社会排斥。与此同时，世界银行对于贫困内涵的界定也经历了随着时代发展的演进，《1990年世界发展报告》明确贫困的内涵是缺少达到最低生活水准的能力，《2000/2001年世界发展报告》中提出贫困不仅仅表现为收入和消费低、没有住房、得不到医疗和教育，还包括面对风险的脆弱性和无话语权。

在中国，对于相对贫困的研究起步较晚，中国的学者对贫困内涵的研究跟随着西方学者的步伐不断前进。对于相对贫困的内涵界定，国内学者大多数发展国外学者的相对贫困内涵，结合中国特色社会主义基本国情，得到合理、可行的相对贫困概念和衡量方式。绝对贫困是生计贫困和基本需求的缺乏，而相对贫困则是相对剥夺（陈宗胜等，2013）。相对贫困的第一种解释是收入的相对性，即与绝对贫困相对（郭之天和陆汉文，2020），根据特定的收入分布曲线，将家庭收入的均值或中位数的一定百分比作为相对贫困的衡量方式。相对贫困的第二种解释是以多维作为参照系，将相对贫困的内涵建立在多元思考上（高强和孔祥智，2020），从“贫”与“困”的视角构建多维相对贫困（王小林和冯贺霞，2020）。从现有研究对于绝对贫困与相对贫困的研究，可将绝对贫困与相对贫困的区别总结如下，如表 2-1 所示。

表 2-1　绝对贫困与相对贫困的区别

比较内容	绝对贫困	相对贫困
程度	较高	较低
维度	单一维度	收入、消费、能力、权利等多维度
对象	显性贫困者	隐性贫困者
衡量标准	根据基本生存需求计算得到的绝对值	某一个或几个方面与社会平均水平的相对差距
具体方法	热量支出法、基本需求法、 恩格尔系数法等	基尼系数法、收入等份定义法、 收入平均数法、商品相对不足法等

此外，阿特金森（Atkinson）将绝对贫困与相对贫困的关系描绘在坐标轴中，如图 2-1 所示[①]。图中横轴表示国家人均消费水平，纵轴表示家庭人均消费水平，若要判断一个家庭是否处于贫困状态，则要先判断家庭所在国的人均消费水平，即其在横轴的位置，其次判断该家庭的人均消费水平，从而明确其贫困状态。例如，X 国的人均消费水平如图中垂直虚线所示，X 国人均消费水平低于 0B 的家庭则处于绝对贫困状态（区域Ⅰ）；若一国的人均消费水平大于 A，则该

① 资料来源：世界银行

国的家庭有可能处于绝对贫困线以下（区域Ⅱ），或者在绝对贫困线以上及相对贫困线以下（区域Ⅲ）；区域Ⅳ代表着在曲线 BRP 以上的家庭，这些家庭则为非贫困状态。

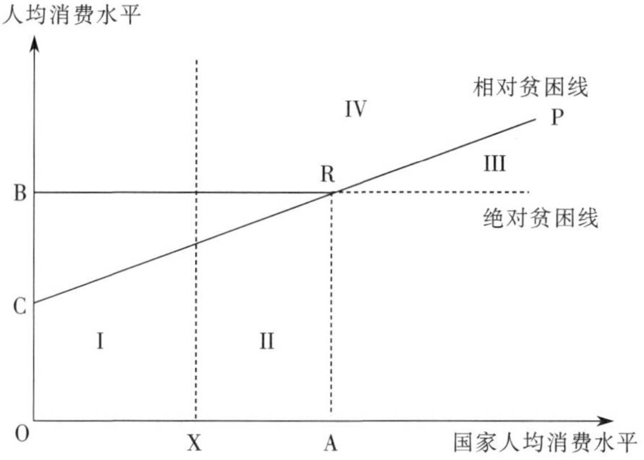

图 2-1　绝对贫困与相对贫困的关系

总之，相对贫困内涵的演进经历了一个漫长的过程，不断全面、深化，从局限于收入和支出贫困的狭义概念，拓展到了包含能力贫困、权利贫困的广泛内涵。相对贫困作为绝对贫困的有效补充，其研究成果尚不充分，尤其对于相对贫困的衡量与测度学术界尚未达成一致。

2.1.2　相对贫困的成因

与绝对贫困相比，相对贫困不仅具有人口基数大的特征，还体现出多维度性与发展性特征（张传洲，2020）。无论是按照世界银行平均收入的三分之一的相对贫困标准，还是欧盟采用的收入中位数的 60％来衡量相对贫困，都呈现出人口基数大的特征，尤其是在中国基尼系数较大的背景下，相对贫困人数始终保持较大比重。从相对贫困的多维度性来看，它不仅包括因为低经济收入而带来的无法维持基本生存需要的风险的基本内涵，同时也将在社会困境下带来的教育排斥、医疗排斥等社会排斥囊括其中。从相对贫困的发展特性来看，能力和权利的缺乏导致相对贫困的产生，而相对贫困又进一步致使能力和权利不足，陷入贫困的恶性循环，其导致的马太效应明显，且贫困的代际传递现象日益突出。对于相对贫困的形成原因，不少学者从以下几个方面展开讨论。

第一，经济增长与收入分配。无论是经济增长或者收入分配的单一作用，还是两者同时发挥作用，均可能在不同程度上导致相对贫困的产生（刘牧，2016）。从三者的相互关系来看，有以下四种情况。一是在经济增长不变的情况下，收入分配不均会导致相对贫困的发生，收入分配均等会减少相对贫困；二是在收入分配不变的情况下，经济增长会减少相对贫困，经济衰退会增加贫困；三是在经济增长的情况下，收入分配不均可能不会减少相对贫困，而收入分配均等将会减少相对贫困；四是在经济衰退的情况下，分配均等或者不均等均有可能增加相对贫困。

第二，制度因素。在马克思主义贫困理论中，制度安排对贫困的产生和消除有着深刻影响。由制度经济学可知，制度是稀缺的资源，在资源配置过程中能起到重要作用。随着经济社会的不断发展，中国的贫困问题很大程度上由宏观经济制度、社会制度以及政治制度缺失而引致（王曙光，2013）。改革开放 40 余年来，国民经济迅猛发展，社会主义市场经济体制逐步建立，但城乡收入差距进一步加剧。由于滞后的户籍制度和公共资源制度改革，城乡二元经济结构问题仍然突出，与此同时，市场机制充分发挥优胜劣汰的作用，有效提高了生产效率，而不平等现象持续上升，尤其是农民工相对贫困，制度安排是致贫的重要原因（王春超和叶琴，2014）。

第三，自然环境因素。自然和居住环境不适宜生存是引发相对贫困的基础要素（周国华等，2020）。自然资源的匮乏导致居民从自然中获取基本生活资料的成本大大提高，同时增加了必要劳动时间，从而致使贫困问题长期存在（仇荀，2016）。在中国，部分村落土地资源贫乏、自然灾害频发，生产和生活条件较为恶劣，居民赖以生存的土地无法获得稳定的收入来源，且面临的不确定性极大，相对贫困问题较为突出。在这一条件下，中国的贫困人口分布呈现地缘性特征（李栗，2012），贫困发生率向中西部倾斜，主要分布地区为西北黄土高原地区（干旱缺水）、西南地区山区（土地资源匮乏）、秦巴地区山区（水土流失、交通不便）以及青藏高寒区（气候环境恶劣），这些地区均表现出自然环境恶劣、社会发展以及基础设施相对落后的特征。

第四，社会文化因素。传统的贫困理论认为，贫困并不是在社会发展初始阶段就存在，而是经过一段时间的进步，一部分人“不思进取”才导致了贫困的发生（Solow，1956），并提出“贫困文化陷阱”，即贫困是受到邻居效应所影响的，如果一个社区是整体贫困的，那么这个社区更有可能出现贫困的代际传递，且很难出现富裕的个体。从这个视角来看，社会文化是致贫的重要原因。在中国乡村，以血缘、地缘关系为核心的社会关系深深影响着传统社会文化（李小云等，2018），思想观念滞后、受教育程度低以及消极的价值观等诸多文化因素导致了农村贫困的产生（张世定，2016）。此外，中国传统儒家文化主张以“节欲”来应对贫困，道教与佛教对于贫困的态度也与之保持一致，这种文化根植于人们心中，由此形成了贫困的习惯和思维。

2.1.3　相对贫困的测度方法

贫困线更多是基于维持生存需求层面而确定。对于贫困的测度，最早是由英国社会学家西伯姆·朗特里（Seebohm Rowntree）在 1990 年提出，他在《贫困：对城市生活的研究》中提出了获得维持基本体力需要的最低温饱线，通过衣、食、住、燃料等方面的货币预算测量贫困。此后，各国学者在这一基础上对贫困的测度方法进行不断修改、完善。

对于相对贫困的测度方法，发达国家与国际组织之间各有异同。在英国，其贫困线经历了由“绝对”向“相对”转变的过程。目前英国的相对贫困线主要根据上一年平均收入中位数的 60％确定次年贫困线（郭之天和陆汉文，2020）。此外，根据《英国贫困报告 2019/2020》①，英国还根据除去住房成本、依据家庭规模而调整的相对贫困线。在这一标准下，将英国家庭划分为 6 个类型，不同类型的家庭对应着不同的相对贫困线，如表 2-2 所示。在欧盟，自 2004 年开始使用相对贫困作为贫困线衡量标准，将收入的单一维度拓展至失业、住房、医疗保健等多个维度，并在 2010 年，“就业、社会政策、卫生和消费者事务委员会”（EPSCO）提出面临收入贫困风险、物质剥夺、工作强度极低三个维度的相对贫困衡

① 《英国贫困报告 2019/2020》由特朗里基金会出版，获取地址：https：//www.jrf.org.uk/report。

量标准。其中，面临收入贫困风险是通过国家税后收入中位数的60%衡量；物质剥夺是由无法承担“意外支出”“欠款”“取暖费”等九项①中的至少四项来衡量；工作强度极低是通过过去一年累计工作量不足其工作潜力20%的家庭劳动力占家庭中60岁以下成员的比例来衡量。

表 2-2 去除住房成本下英国不同家庭的相对贫困线标准

家庭类型	相对贫困标准（每周收入单位：英镑）
单亲家庭	152
一个孩子的单亲家庭（孩子小于14岁）	204
无孩夫妻家庭	262
两个孩子的夫妻家庭（孩子均小于14岁）	366
三个孩子的夫妻家庭（两个孩子小于14岁，一个孩子14岁及以上）	476
四个孩子的夫妻家庭（两个孩子小于14岁，两个孩子14及以上）	586

在美国，多数学者认为其采用的是绝对贫困标准（Beck，2004；张琦和沈扬扬，2020）。美国贫困门槛线由美国人口调查局公布，根据不同家庭结构所需要满足的基本生存需求得到，以2018年美国四口家庭为例，若其家庭成员为夫妻与两个孩子，则贫困门槛线为25465美元；若为一个成人与三个孩子，则贫困门槛线为25554美元；对于五口家庭而言，若其家庭成员为四个成人与一个孩子，则贫困门槛线为31689美元②。而世界银行对于相对贫困的衡量根据不同国家的经济发展状况设定了不同的相对贫困线，主要有以下三种：第一，根据全球15个最贫穷国家的平均水平计算得出每人每天1.9美元的极端贫困线；第二，根据中低收入国家平均水平计算得出每人每天3.2美元的中等偏低贫困线；第三，根据中高收入国家计算得出每人每天5.5美元的中等偏高贫困线。经济合作与发展组织（OECD）国家对于相对贫困线的设定，以平均收入中位数的50%为基础，

① 物质剥夺衡量标准的九项分别为：意外支出、每年放假一周、欠款（房屋抵押或租金、水电费账单、租购分期付款或其他贷款付款）、每隔一天购买肉或鱼烹饪、取暖费、洗衣机、彩色电视机、电话、汽车。

② 数据来源：https：//www.prb.org/insights/。

各国根据实际情况稍作调整，不按不同家庭规模单独设定贫困线。可将不同国家或国际组织的贫困标准衡量方式总结如表 2-3 所示。

表 2-3　不同国家和国际组织的贫困衡量方式对比

国家	识别方式	衡量方法	家庭差异
英国	相对贫困	平均收入中位数的 60%	根据家庭规模和孩子数量设定不同标准
美国	绝对贫困	不同家庭规模和 18 岁以下孩子数量有不同的绝对贫困线	根据家庭规模和孩子数量设定不同标准
欧盟	相对贫困、多维贫困	税后收入中位数的 60%	统一标准
世界银行	极端贫困线、中等偏低、偏高贫困线	极端贫困线：每人每天 1.9 美元 中等偏低：每人每天 3.2 美元 中等偏高：每人每天 5.5 美元	统一标准
经济合作与发展组织	相对贫困	平均收入中位数的 50%	统一标准

在中国，国家统计局通过对农村住户调查资料（如维持基本生活需要的食物消费支出和非食物包括住房、衣着、交通、医疗、教育、娱乐等消费支出）的测算以确定农村收入贫困线。其中，食物消费支出所采用的标准是每人每日最低营养需求 2100 大卡热量，由一篮子生存食物消费量与对应价格加权计算得出。非食物消费支出通常采用马丁法①和恩格尔系数法②确定。由马丁法计算得出的是低贫困线，这一贫困线的内涵为基本衣着以及防寒保暖等必不可少的非食物需求。在低贫困线标准下，通常食物消费支出超过 70%，贫困户仅维持基本温饱。对应地，由恩格尔系数法确定的贫困线是高贫困线，不仅包括维持基本生存需要的衣、食、住，还包括基本的教育与医疗支出。在高贫困线标准下，通常非食物

---

① 马丁法由经济学家 Martin Ravallion 于 1993 年提出，该方法将非食物贫困线界定为“愿意放弃食品消费而获得的商品或服务”，即假定某个农户的全部收入恰好等于满足基本热量支出的食物贫困线，此时农户在食物支出外还有一部分非食物支出需要通过减少食物消费来换取，那么这部分宁可挨饿也要换取的非食物支出就是最低的非食物贫困线。

② 恩格尔系数是指食品消费支出占全部消费支出的比重。国际上一般将 60%作为贫困警戒线，恩格尔系数达 60%以上为贫困，50%～59%为温饱，40%～50%为小康，30%～40%为富裕，低于 30%为最富裕。以恩格尔系数法测算的非食物贫困线是根据食物支出占比 60%，反推农户应该消费的非食物商品或服务（占总支出 40%）。恩格尔系数法相比马丁法更重视非食物消费，因而所测算出来的贫困标准相对更高。

消费支出占比为40%。在2008年以前，中国根据马丁法确定了“贫困线”，在恩格尔系数法的基础上确定了“低收入线”。在2008年以后，则将贫困标准更改为通过恩格尔系数法所测算的高贫困线。从改革开放至今，中国一共制定了三个贫困标准，分别为1978年标准、2008年标准和2010年标准①。1978年的贫困标准为100元/人/年的绝对贫困标准，2008年为1196元，2010年为2300元，在标准制定后的年份根据物价指数对其进行调整，在不同贫困标准下1978～2018年中国贫困人口数量和贫困发生率如图2-2所示②。而对于相对贫困的度量，国内尚未形成统一标准。

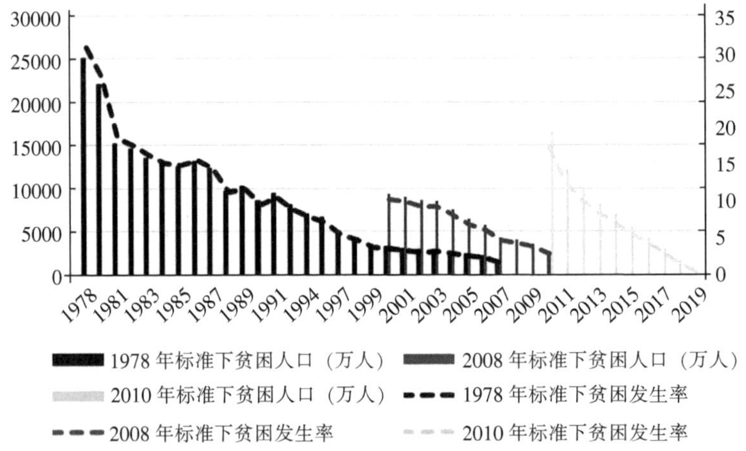

图2-2　1978~2018年不同标准下中国贫困人口和贫困发生率

---

① 1978年标准：低水平的生存标准，按1978年价格每人每年100元。在该标准下食物支出比重约85%，基本能保证每人每天2100大卡热量，但食物质量较差，主食中粗粮比重较高，副食中肉蛋比重很低，只能勉强果腹；2008年标准：基本温饱标准，按2008年价格每人每年1196元。在该标准下食物支出比重降低到60%，基本保证实现“有吃、有穿”。该标准在“1978标准”基础上，适当扩展非食物消费支出；2010年标准：现行农村贫困标准，是一条稳定温饱标准，按2010价格每人每年2300元。在该标准下食物支出比重在50%左右。按相应年份的价格水平，现行贫困标准在2010年是每人每年2300元，2011年是2536元、2012年是2625元、2013年是2736元、2014年是2800元、2015年是2855元，2016年是2952元，2017年是2952元，2018年是2995元，2019年是3218元。同一条标准在不同年份，虽然数值不同，但都代表了同一种生活水平，年度间是可比的。

② 数据来源于国家统计局以及《中国住户调查年鉴2019》。

2.2 贫困减缓的影响因素及机制研究

现有文献对于减缓贫困的影响因素主要从财政政策、经济增长、社会资本以及金融支持等多个方面展开讨论。本节重点探索财政支出、经济增长与社会资本三个方面对贫困的影响效应及其机制，总结出三者对贫困的影响是正向还是负向的，其影响机制是如何，从而为后文的研究做铺垫。

2.2.1 财政支出减缓贫困的研究

在财政政策扶贫方面，国家主要从财政补贴、财政支出以及税收优惠政策等方面着手（林建和廖杉杉，2014）。财政政策能否实现减贫效果，与财政资金的规模、投入方向安排、资金使用效率等有着直接的关系（刘明慧和侯雅楠，2017）。在中国，由于扶贫过程中的财政资金投入不足、投资结构不合理、资金使用效率低下等诸多问题，财政不仅没有有效缓解贫困，反而加剧了农村地区贫困问题（李永友和沈坤荣，2007；张鹏飞，2019）。而不少学者的研究也得出了不同的结论。卢洪友和杜亦譞（2019）通过对传统财政再分配分析方法进行拓展，将财政支出端与收入端纳入统一分析框架，研究发现，中国财政再分配工具具有明显的减贫效应，这一工具使得全国贫困状况的深度、广度和强度均下降20％以上。其他学者通过研究财政支出与贫困的关系，也得到了一致的结论（徐爱燕和沈坤荣，2017；李晓嘉等，2019）。城市政府补助对低收入居民发挥了“授人以鱼”的作用，特别是在经营性收入、财产性收入和个人工作收入方面，有效降低多维贫困（许玲丽和陈云菲，2023）。李盛基等（2014）提出，各项财政支出对贫困影响的边际效应不尽相同，如扶贫专项支出能有效缓解绝对贫困，但对于相对贫困的影响没有通过显著性检验；而农村社会救助对于贫困减缓的影响不明显，且支农支出与农村基建支出甚至对贫困的缓解产生了负向的影响，这也说明在财政扶贫资金投入的均衡性、合理性以及资金绩效管理等方面还需进一步完善、优化（宋凤轩和孙颖鹿，2019）。而基本公共服务可以通过提高家庭受教育程度和降低家庭健康风险两条路径有效巩固拓展脱贫攻坚成果（张迪，

2013)。

此外，还有不少学者从财政分权的角度研究其对贫困的影响。财政分权主要解决的是政府公共部门之间财力均等化的纵向结构问题（储德银和赵飞，2013）。财政分权改革后的地方政府权责发生变化，对于教育、卫生、水资源等方面的管理投入显著提高，极大程度改善了穷人的生活（Faguet，2004）。而 Bardhan & Mookherjee（2005）则持相反观点，他们研究发现，尽管财政分权能有效提高地方政府的工作效率和工作责任，但由于政治精英通过其影响力获得公共服务的优先权，使得社会资源更多倾向于富人，对贫困的缓解没有起到正向作用。从国内学者的研究来看，对于财政分权是否能缓解贫困且如何缓解贫困的相关内容做了大量的研究，一方面，财政分权通过改善财政资金的配置效率在一定程度上实现减贫。另外，财政分权也可通过增加生产性支出比例、提高生产性支出效率实现减贫（谢贤君等，2020）；另一方面，财政分权可能加剧地方政府之间的竞争，从而导致公共支出结构扭曲，不利于减贫目标的实现（张克中等，2010）。

转移支付通过合理有效的识别贫困户机制，将资金由高收入者转移至低收入者，减少不平等，从而缓解贫困。在这一手段中，如何精准识别贫困户则是关键所在。在实践中，转移支付往往由于识别偏差而难以实现其初始目标（解垩，2017）。如 Coady et al.（2004）的研究表明，在 48 个国家的 122 个反贫困项目中，25%的转移支付项目识别效率呈现累退特征，部分极度贫困者并未得到转移支付支持。转移支付减贫效果明显的地区，其转移支付的瞄准效率更高（宋颜群和解垩，2020）。此外，除了公共转移支付的识别机制，部分学者从贫困者对转移支付产生的依赖性进行了一定的研究。公共转移支付可能会影响贫困者的工作和储蓄动机，使贫困者宁可依赖社会救助，也不愿意从事低收入的工作，产生懒惰心理（Lee，1987），尽管转移支付能在短时间内缓解贫困问题，但从长远来看，并不利于贫困者内生动力的可持续发展。国内学者研究发现，财政转移支付保证了贫困家庭的基本生存需要，但是降低了贫困家庭劳动和投资的激励，从而使得家庭总收入减少（刘穷志，2010）。最低生活保障并没有有效降低贫困，反而使得农村老年人的贫困增加（解垩，2015），而对于公共服务供给水平不同的地区，其减贫效果显著不同（王曦璟和高艳云，2017）。也有部分学者对于转移支付持肯定态度，财政转移支付不仅有“输血”作用，同样也有“造血”功能（李丹等，2019），财政转移支付对减缓贫困的“造血”功能主要是通过促进农业生产、提高农业产出以及提高内生发展能力等途径实现（田勇等，2019；解垩和李敏，2022）。

2.2.2　经济增长对贫困的影响研究

反贫困的核心在于经济增长，经济增长不仅能促进贫困户脱贫，也能为所有居民带来好处（Dollar & Kraay，2000）。但 Kakwani & Pernia（2000）持有不同的看法，他们认为，尽管经济增长是解决贫困的一个重要因素，但对减贫的贡献值不大。关于经济增长能否使贫困户受益且是从何种途径使之受益，国外学者做了较多研究。Son & Kakwani（2008）从农业发展、通货膨胀、对外开放程度等方面考察经济增长对贫困户的受益性，他发现不仅不同国家经济增长使得贫困户受益的程度不同，甚至是同一个国家中，经济增长的减贫效应也不尽相同。农业生产力越落后、居民生活水平越低的地区，经济增长对减贫的贡献度越小（Ravallion & Datt，2002）。

国内学者围绕这一选题做了大量研究。罗楚亮（2012）通过 Datt-Ravallion 分解和 Shapley 分解方法，测算不同年份的经济增长减贫效应，研究发现不同年份贫困减缓的经济增长弹性逐渐下降。大部分学者均得到了经济增长对贫困的缓解有显著的促进作用这一结论（张萃，2011；沈扬扬，2012；肖挺，2016;），且不同产业的发展在经济发展的不同阶段对减贫的影响也不同（张凤华和叶初升，2011）。对于经济增长减贫的研究，不能仅仅关注其数量，还应关注其质量，高速度、低质量的经济增长难以自动减贫，只有“利贫式经济增长”才能真正地实现内生性减贫（孙咏梅和秦蒙，2019）。但是，也有学者对经济增长的减贫效应存在质疑。如胡兵等（2007）通过建立农村居民收入的 Lorenz 曲线，研究发现 1985～2003 年，经济增长并未使得穷人受益，穷人的受益程度远小于富人。尽管经济增长在一定程度上缓解了贫困，但是进一步拉大了农村居民的收入差距。陈菁等（2015）通过构建一个经济增长与贫困关系的理论框架，拓展阿玛蒂亚·森的“交换权利”概念，得出了贫困是交易权利的函数而不是经济增长的函数这一结论，他们认为，权利关系是某些阶层能否享受经济增长从而避免贫困的决定因素，经济增长只是影响权利关系的诸多因素之一，也就是说，即使在经济增长停滞时期也能实现减贫，在经济增长时期同样可能出现贫困加剧的情况。因此不能直接将贫困作为经济增长的函数纳入分析框架。

此外，有学者通过宏观数据研究发现经济增长与贫困减缓之间并非简单的线性关系，而是存在门槛特征（毛伟等，2013），将城乡收入不平等作为门槛变量时，经济增长的贫困减缓效应在门槛值的左侧大于在门槛值的右侧，即随着城乡收入差距的加剧，经济增长的减贫效应有所下降。除了门槛特征，经济增长与贫困减缓之间还存在显著的空间溢出效应。盛伟和廖桂蓉（2019）通过对西藏和四川藏区深度贫困地区 146 个县 2000～2015 年的经济增长与贫困之间的关系进行研究，发现经济增长与减贫之间有明显的空间外溢，即各县当地的经济增长不仅能促进当地减贫，还可以辐射到邻近地区，促进邻近县域减贫。从省级层面来看，中国省级贫困率在空间上呈现“高与高”“低与低”的特征，即经济增长不仅能促进本省农村减贫，还能通过空间溢出效应带动相邻省份减贫（谭昶等，2019）。

2.2.3 社会资本影响贫困的研究

社会资本被定义为社会组织的特征，包括信任、网络及规范，这三者之间通过促进合作提高社会效率（Putnam et al.，1993）。对于社会资本与贫困之间的关系备受学者的关注。每个个体在社会网络中的位置不同，因此社会资本对于个体的作用和回报也不尽相同，不同的社会资本类型对于贫困的影响程度是不同的（周晔馨和叶静怡，2014）。社会资本作为物质资本的替代，可以提高贫困家庭的劳动生产率从而提高收入，而家庭总收入的提高能完善、扩展家庭社会资本，社会资本与家庭收入的良性循环能实现有效脱贫（Chantarat & Barrett，2011）。最早对社会资本与相对贫困进行研究的学者是 Lin（2001），他认为社会资本的缺乏通过资本欠缺和回报欠缺两种途径形成相对剥夺，也就是相对贫困的理论基础。资本欠缺指的是由于投资和机会的缺乏导致资本数量的差距，回报欠缺即不同的人对群体策略或制度的领悟不同，从而导致社会资本的回报率不同。社会资本更丰富的家庭，能在一定程度上帮助家庭规避风险，降低陷入贫困的概率（丁冬等，2013）。车四方等（2019）、王恒等（2019）通过研究均发现社会资本能够显著缓解贫困，且国家贫困县的社会资本脱贫效应高于非国家贫困县（周玉龙和孙久文，2017）。

除此之外，社会资本对于贫困的代际传递有显著的阻断作用（焦克源和陈晨，2020）。刘彬彬等（2014）利用宁夏西海固贫困地区的数据研究发现，社会资本与贫困之间存在非线性关系，表现出显著的门槛特征，当社会资本低于门槛值时，社会资本对于贫困减缓的作用不明显，而当社会资本高于门槛值时，社会资本能有效缓解贫困。此外，社会资本与贫困之间可能存在负向关系。社会关系、集体组织往往将贫困者排除在外，贫困者很难依靠社会资本减轻贫困程度，社会资源向富人倾斜，可能进一步加剧收入差距，从而形成相对贫困（Rozelle，1994；Cleaver，2005）。张爽等（2007）的研究也得出了同样的结论，社会资本对减缓贫困并没有明显的促进作用，且随着市场化程度的提高，社会资本减贫的作用会逐渐减小。

更细致的研究聚焦于社会资本中的信任、网络及规范对贫困的影响。社会资本中的信任在农村地区发挥着不可替代的重要作用。在较为封闭的村庄范围内，通过多次重复交易形成的信任能有效解决信息不对称问题，充分利用社会资源，从而缓解贫困。由信任带来的良好社会关系是增加家庭收入的重要因素，良好的社会关系导致的社会稳定也是经济增长的基础，从而实现贫困的减缓（Sato，2006）。关于社会网络对于贫困减缓的作用，国内外学者已做了大量的研究。以血缘、地缘关系为主体的社会网络在农村地区不仅能极大程度上提高农民当期收入，而且对贫困脆弱性有显著的影响（胡金焱，2015）。谭燕芝和张子豪（2017）研究发现，社会网络能显著改善农户多维贫困状况，且社会网络主要通过影响农户非正规金融借贷从而影响贫困。郭云南等（2014）通过研究宗族网络对贫困的影响，得出了宗族网络通过“传、帮、带”的作用机制能促进农村剩余劳动力流动，显著减少收入差距。但社会网络也可能具有扩大农村收入差距的作用（赵剑治和陆铭，2009）。目前对于社会规范的研究尚不多，刘欣（2020）探索脱贫内生动力与社会规范之间的内在联系，提出贫困人口缺乏内生发展动力是其因应社会规范的结果。

2.3 金融支持贫困减缓的作用研究

由于本书的研究重点在于金融支持解决相对贫困，因此将金融对于贫困的减缓作用单独分析，并从直接作用与间接作用两个方面进行讨论，梳理前人的研究视角和学术观点，总结现有文献的贡献和不足。

2.3.1 金融支持反贫困的直接作用

金融作为向贫困户输送资金要素的重要途径，其反贫困效率得到了大多数学者的肯定。对于金融支持反贫困的直接作用，国外学者较多从金融服务的视角展开讨论。金融服务主要通过向贫困户提供信贷服务和储蓄服务两个途径来实现减贫（Jeanneney & Kpodar，2011），从信贷服务的角度来看，相关金融机构向贫困户提供生产性资金，扩大生产规模，改善生活状况，从而缓解贫困；从储蓄服务的角度来看，一方面，储蓄积累了未来生产生活需要的资金，有效增强了抵御未来不确定风险的能力，另一方面，储蓄服务所产生的利息收入无形中增加了贫困家庭的总收入，通过“渠道效应”实现金融反贫困（Claessens & Feijen，2006）。除了金融机构提供的金融服务，银行网点分布也会影响贫困，如 Burgess & Pande（2003）通过研究银行网点数量与贫困发生率之间的关系发现，银行在农村地区设立的网点数量每增加 1%，农村贫困发生率下降 0.34%。而 Aghion & Bolton（1997）却提出，由于小额信贷的高成本使得贫困者无法承受其带来的利息支出，因而小额信贷对于贫困的减缓作用并不明显。除此之外，金融发展本身也可以直接促进贫困的减缓。在金融发展水平高的地区，其贫困发生率的下降速度快于金融发展水平相对落后的地区（Kappel，2010），且若是金融自身存在不稳定因素，将会导致经济发展的不稳定，可能会导致一系列的损失，而这种损失对于贫困者的影响远远大于非贫困者（Jeanneney & Kpodar，2005）。

国内学者对于金融反贫困的直接作用做了大量研究。第一，金融规模和效率方面。多位学者从省级层面构建省级面板数据分析地区金融规模或者发展水平对减贫的影响。研究发现，地区金融发展水平能显著提高农村经济发展水平，从而拉动农村居民收入增长实现减贫（田银华和李晟，2014），且东中西部的金融发展减贫效应不尽相同。而这一减贫效果更多地体现在当期，持续减贫效应不明显（胡宗义等，2014）。此外，金融规模与金融效率对贫困减缓的作用并不相同。刘芳等（2015）通过构建陕西省 50 个国家贫困县的面板数据进行研究，发现金融规模对于贫困减缓的作用无论是正向的还是负向的，其效应都明显大于金融效率所产生的减贫效应。而吕勇斌和赵培培（2014）所得出的结论却有所不同，他们通过对全国 30 个省份的面板数据进行研究，发现金融规模能有效缓解贫困，但是金融效率却与贫困减缓呈现负向关系。第二，非正规金融发展方面。非正规金融作为正规金融的有效补充，在农村金融市场发挥着重要作用。在农村地区，非正规金融通常服务于低收入农户，非正规金融的发展规模对村庄的基尼系数和贫困状况有显著的抑制作用，能缩小收入差距、缓解贫困（张宁和张兵，2015）。然而，周强和张全红（2019）却发现，农村非正规金融对农村家庭资本积累和家庭收入存在逆向分配作用，即农村非正规金融更有利于收入相对较高的家庭，扩大了农村地区不平等程度。除此之外，非正规金融对贫困减缓还存在一定的门槛效应（苏静等，2013），在门槛值前后，农村非正规金融对贫困发生率和贫困深度的影响存在不同的效应，且影响程度随着非正规金融水平的变化而变化，东中西部的减贫效应也呈现出显著的差异性。第三，金融扶贫的绩效评价方面。杜兴洋等（2019）通过对湖南省国家贫困县所在的 9 个市的金融扶贫绩效水平进行研究发现，同一省份不同城市的金融扶贫效率差异较大，农村金融发展水平、地区产业结构等因素能在极大程度上影响金融扶贫效率。吴本健等（2019）通过对比财政扶贫与金融扶贫效率发现，财政扶贫与金融扶贫效率由于扶贫对象的不同存在明显差异，在短期内，财政扶贫对于边缘贫困户的扶贫效应更为显著，而金融扶贫对于深度贫困户的长期扶贫效应更明显。第四，金融与贫困的非线性关系方面。金融发展与贫困减缓之间并非简单的线性关系，可能存在倒“U 型”关系，即金融发展对贫困减缓呈现出先抑制后改善的特征（何雄浪和杨盈盈，2017）。师荣蓉等（2013）研究发现，金融发展对贫困的减缓表现出显著的门槛特征，以人均收入作为门槛值，在门槛值的左侧，金融发展对贫困减缓呈现隐性累计特征；在门槛值右侧，金融发展对贫困减缓呈现明显加速效应。傅鹏和张鹏（2016）也同样发现在跨越门槛值之后，金融发展的减贫效应显著增强。

2.3.2 金融支持反贫困的间接作用

对于金融支持与贫困减缓的间接作用是从金融反贫困的经济增长效应和收入分配效应开始的（张音和马可，2015），金融反贫困的经济增长效应指的是金融发展能够促进经济增长，经济增长使得整体社会财富增加，从而实现减贫；金融反贫困的收入分配效应指的是金融发展除了通过经济增长实现减贫，还可以通过收入分配实现减贫，这一效应主要是通过减小收入分配差距，社会资源和财富在一定程度上由富人流向穷人，缩小收入差距，从而实现贫困的减缓。

第一，金融支持反贫困的经济增长效应。金融发展水平的高低能显著影响目前和未来的经济增长、资本积累，从而影响贫困（King，1993）。具体而言，金融发展水平每增加1%时，贫困者的收入增长率将提高0.4%（Dollar & Kraay，2002）。Greenwood（1990）通过研究金融市场供给发现，在经济发展初始阶段，穷人因为较高的利率而被排斥在金融市场之外，随着富人的财富增加，经济发展加快，金融市场的资金供给增加，由此带来的利率下降使得穷人可以加入金融市场享受金融服务，贫富差距逐渐减小从而有利于贫困减缓，这是金融发展在经济增长的“涓滴效应”下实现减贫。Banerjee & Newman（1993）和 Aghion & Bolton（1997）在后续的研究中也为这一观点提供了佐证。根据库兹涅茨假定，一个国家在经济发展过程中是遵循着收入分配与经济增长倒“U型”曲线关系规律的，因此部分学者认为经济增长的“涓滴效应”不能做到自发减贫，当收入分配存在不公平时，经济增长导致的正向影响并不能消除收入分配带来的负向影响，因此无法有效实现贫困的减缓。

第二，金融支持反贫困的收入分配效应。与经济增长的减贫效应不同，收入分配效应存在一定的争议。Beck（2000）研究发现，金融发展使得贫困人口的收入增长比率显著大于人均GDP增长比率，由此得出了金融发展可以缩小收入差距从而减贫的结论。苏基溶和廖进中（2009）通过对比金融发展减贫的收入分配效应和经济增长效应发现，金融发展能显著提高贫困家庭的总收入，这一促进作用受到经济增长效应和收入分配效应的比重分别为 69% 和 31%。同年，杜凤莲和孙婧芳（2009）却得到了不同的结论，他们同样也得出了金融发展能够通过经济增长对减贫产生正向效应，但是收入分配在不同时期的减贫效应大相径庭。例如在 1991～1993 年，收入分配的减贫效应为负，经济增长的减贫效应为正。而到了 1993～1997 年，收入分配的减贫效应不仅由负变为正，其减贫程度还超过了经济增长的减贫效应。傅巧灵等（2021）也得到了一致的结论。然而，也有部分学者认为金融发展会扩大收入分配差距，产生严重的金融抑制，从而加剧贫困状况。随着金融发展水平的提高，金融并没有向穷人延伸（Maurer，2003）。国内学者也证实了这一观点。郑长德（2008）提出，尽管金融发展与贫困发生率之间为反向变动的关系，但金融发展扩大了中国的收入分配差距。叶志强等（2011）通过利用 1978～2006 年的省级面板数据进行分析，也得到了金融发展扩大了城乡收入差距和金融发展与农村居民收入呈负相关关系的结论。丁志国等（2011）对农村金融减贫的作用进行检验，利用 2000～2008 年的省级面板数据，发现金融发展的直接与间接效应均能减少贫困，但是金融发展缓解贫困的收入效应与分配效应的间接作用明显高于直接作用。让小农户积极融入现代农村金融市场是避免低收入群体陷入贫困陷阱的关键（徐乙尹等，2022）。

此外，仅仅从国家宏观层面、金融机构中观层面着手解决贫困问题远远不够，更重要的是贫困户能力的提升，从而实现“造血式”扶贫、脱贫不返贫以及自身的可持续发展。从微观机制分析，个人金融能力能有效改善贫困状况。金融能力（Financial Capability）是指个人通过金融教育获得了金融知识和技能且有机会参与金融市场从而产生金融行为以提高自身金融福利的能力（Sherraden，2013）。金融能力的概念源于 2006 年英国金融服务机构对于全国居民金融能力的调研，并由 Atkinson et al.（2006）在其研究成果中正式提出。随后，奥地利、爱尔兰、美国、加拿大等国家也先后进行了类似的全国性调查。随着金融能力这一概念在发达国家的产生和发展，在发展中国家同样逐渐被重视起来。在金融能力提出之前，更多学者聚焦于居民金融素养的研究，Lusardi & Mitchell（2007），Clark et al.（2015）研究发现金融素养水平的提高促进了家庭的储蓄行为，且使消费者更好地把握投资机会、增加风险资产投资从而提高投资收益。国内学者主要从家庭理财规划、家庭资产选择等金融决策角度以及家庭借贷行为方面来考察金融素养对其的影响（程名望等，2015；胡振和臧日宏，2016；吴卫星和李雅君，2018；吴卫星等，2018）。此外，王正位等人（2016）通过研究金融知识与家庭收入流动之间的关系发现，金融知识的提高使得家庭能更有效地进行金融投资，有助于低收入家庭跃迁至高收入阶层。

2.4 中国反贫困的政策研究

反贫困工作开展至今已40余年，在不同的历史时期，国家反贫困政策的关注点有所不同，但各个阶段的反贫困政策目标始终与国家战略目标保持高度一致（王超和刘俊霞，2018）。通过梳理大量文献发现，国内学者对于反贫困政策的研究主要集中在普惠金融反贫困、社会保障反贫困以及基层组织反贫困三个方面。

2.4.1 普惠金融反贫困研究

普惠金融作为与金融排斥相对的概念，一经提出便引起了国际组织、各国政府及各界学者的广泛关注。2006年联合国出版的“建设普惠金融体系”蓝皮书指出，各发展中国家应在健全的法律和监管框架下构建完善的普惠金融组织体系，为弱势群体提供全面的金融产品和服务。普惠金融的内涵已逐步从最初的推广小额信贷延伸至构建一个完善、惠及所有人的金融体系（Leeladhar，2006）。中国于2006年首次将普惠金融理念引入，只有将包括穷人在内的金融服务有机地溶于微观、中观、宏观金融体系，才能使过去遭受金融排斥的大规模客户群体受益（杜晓山，2006）。随后，各学者从普惠金融的起源、性质及发展目标等不同角度对其进行内涵界定（李明贤等，2012；吴国华，2013；郑中华等，2014；郭田勇等，2015；王颖等，2016）。目前中国对于普惠金融的理论研究框架较为模糊且尚未统一。为了衡量各地区普惠金融发展水平，世界银行、国际货币基金组织（IMF）、金融包容联盟（AFI）以及金融包容全球合作伙伴组织（GPFT）

等国际组织构建了一系列普惠金融评价指标体系。中国学界对普惠金融发展水平评价指标体系的确定仍存在较大争议。部分学者主要参照 Beck et al.（2007）和 Sarma（2010）等从普惠金融渗透性、可得性和使用情况等维度运用降维的方法构建中国普惠金融发展评价指标体系（王婧等，2013；徐敏等，2014；蔡洋萍，2015；杜强等，2016）。还有学者从金融服务的实际使用情况和金融服务的地理覆盖情况两个方面来反映普惠金融状况（李涛等，2016）。此后，为了解决传统主观确权法对计算结果产生的偏误，张珩等（2017）运用 Cov-AHP 方法确定普惠金融各指标权重并借助 Oaxaca-Blinder 分解方法构建农村普惠金融发展评价体系。随着互联网金融的不断发展，数字技术与经济学的联系日益密切，文本挖掘法被引入普惠金融指标体系的确定与测算中（张正平等，2017）。

自从 2006 年中国将普惠金融理念引入国内，国内学者已围绕这一概念做了大量研究。普惠金融发展至今已对中国农村地区产生了深远的影响，在银行县域战略布局由紧缩转变为扩张的背景下，普惠金融服务逐步深化，但这一深化效应在非贫困县远远高于贫困县（王雪和何广文，2019）。对于普惠金融的减贫效应，多数学者从理论与实践的角度展开阐述。卢盼盼和张长全（2017）从银行网点密度、银行从业人员密度、贷款密度这三个维度分析普惠金融的减贫效应，发现普惠金融发展具有显著的减贫效应，但三个维度对减贫的贡献度不同，其中贷款密度的减贫效应相较于银行网点密度、银行从业人员密度而言减贫效应更大。而朱一鸣和王伟（2017）研究发现，普惠金融的减贫效应对于不同阶层的群体不同，其对非贫困县的减贫效应要大于贫困县。进一步研究发现，普惠金融的益贫性在发展初期以及连片特困地区较为明显（李建军和韩珣，2019），且普惠金融对农村贫困的抑制作用随着农村经济发展水平的提高呈现边际递增效应（顾宁和张甜，2019），其空间溢出效应同样显著（谭燕芝和彭千芮，2018）。普惠金融作为一种政策支持，其与金融扶贫之间无论是在使命宗旨、价值理念还是内在机理中都具有一定的耦合性（蔡则祥和杨雯，2019）。

此外，不少学者将研究重点由传统的普惠金融转向数字普惠金融。大量研究结果显示，数字普惠金融能显著缩小城乡收入差距（宋晓玲，2017；孙继国和赵俊美，2019；梁双陆和刘培培，2019）。数字普惠金融不仅可以通过提高互联网金融的可得性直接缓解贫困，同时也可以通过增加企业就业机会间接缓解贫困（刘锦怡和刘纯阳，2020）。且数字普惠金融与农村贫困发生率之间存在非线性关系（龚沁宜和成学真，2018），若以经济发展水平作为门槛变量，当经济发展没有跨越门槛值时，数字普惠金融对于农村贫困的影响为显著的抑制作用，而经济发展水平跨越门槛值之后，数字普惠金融的贫困抑制作用明显减弱，其边际效用呈现边际递减规律。

2.4.2 社会保障反贫困研究

社会保障制度是城乡居民基本生活的重要支柱。现阶段的社会保障已经成为以人的生存发展为本的现代社会制度，一方面，社会保障是一种有效的扶贫方式，另一方面，解决贫困则是社会保障的目标（公丕明和公丕宏，2017）。总体而言，社会保障支出每增加 1%，贫困水平将会下降 0.13 个单位（杨宜勇和张强，2016）。从经济贫困、健康贫困与精神贫困三个维度来看，社会保障主要缓解了家庭经济贫困，分城乡家庭来看，社会保障显著降低了城镇居民的经济贫困、精神贫困以及农村居民的经济贫困和健康贫困（刘一伟，2017）。从不同社会保障的类型来看，医疗保障、养老保障和社会救助均能有效改善贫困状况，但其所发挥的作用在城乡居民之间存在显著差异（程杰，2012）。具体而言，养老保障能明显降低城乡居民贫困率，医疗保障对于城镇居民的减贫效应大于农村居民，而社会救助对于农村居民的影响更显著。但也有学者认为，社会保障与贫困发生率之间是长期稳定的均衡关系，社会保障并没有充分发挥其减贫效应（黄清峰，2013），尽管社会保障的覆盖程度逐年提升，但标准不高、城乡差距明显、缺乏前瞻性等问题明显（刘玉安和徐琪新，2020），这都限制了社会保障对贫困状况的减缓效果。

在中国，最基本、重要的针对贫困人口社会保障的政府转移支付即是城市低保与农村低保（韩华为和徐月宾，2014）。从城市低保来看，城市低保的救助对象主要为单亲家庭、老年人口比重大以及失业率高的家庭（文雯，2015）。部分学者研究发现，尽管城市低保能降低获得救助的研究样本的贫困水平，但是对总体样本的减贫效应较小（Gustafsson & Deng，2007）。城市低保减贫效应不够显著的原因可能在于，一是贫困户瞄准机制不完善，存在瞄准偏误（Ravallion，2009）；二是救助水平较低限制了其减贫成效（Gao et al.，2009）。在农村低保方面，韩华为和徐月宾（2014）通过对中西部五个省份的农户进行调研发现，农村低保对于实际参保的农户的贫困状况有显著的改善，但对总体样本和应参保的样本减贫效应不理想。韩华为和高琴（2017）从精准识别、救助充足性和减贫效应三个角度衡量农村低保的救助效果，研究发现中国农村低保的识别偏误严重，救助水平严重不足，尽管对于实保农户的减贫效应显著，但对于应保农户的贫困状况改善贡献度极小。左停和贺莉（2017）从制度比较的视角分析了农村低保与扶贫开发政策的衔接与整合，并提出两种制度需要跨部门有效合作、互相嵌入才能提高反贫困效果。

从养老保险角度来看，近年来大量研究集中于对新型农村社会养老保险（以下简称新农保）的研究。新农保是以保障农村居民年老时的基本生活为目的、由政府组织实施的一项社会养老保险制度。新农保的提出是解决“三农”问题的重大举措，是完善农村社会保障体系的客观要求，对实现农村社会保障全覆盖、缓解农村居民未来的不确定性从而改善农村家庭贫困状况有着积极的影响。在新农保制度实施之前，中国的养老保险制度主要体现在城镇职工养老保险，李珍和赵青（2017）研究发现，城镇养老保险对于居民消费存在微弱的挤出效应，且不同收入的家庭养老保险的参与对消费的影响同样存在差异（康书隆等，2017）。新农保之所以被称为“新”是与“老”农保相较而言的。早期关于农村养老保险的研究主要集中于其制度评述和问题分析（马斌，2001）。自新农保制度实施以后，国内学者展开了大量的研究。除了不少学者研究农村居民参与新农保行为的影响因素之外（林本喜和王永礼，2012；霍鹏等，2016），还有部分学者将研究重点放在新农保对农村居民养老质量和养老模式的影响上（程令国等，2013；陈华帅和曾毅，2013）。新农保对于参保家庭而言显著增加了其抵御风险的能力（李齐云和席华，2015），有效改善了老年人的贫困状况，但子女代际转移支付降低了扶贫绩效（郑超和王新军，2020）。张召华等（2019）从“减贫”与“防贫”的角度探索新农保对长期贫困人口与暂时性贫困人口的影响，发现新农保能有效缓解长期贫困人口与暂时性贫困人口的贫困状况，“减贫”效应大于“防贫”效应，且对暂时性贫困人口的扶持效应优于长期贫困人口。

2.4.3 基层自治组织反贫困研究

随着城乡一体化格局的形成和农村人口流动性的增强，乡村社会经济结构发生了重大变化，改变了传统的乡绅治理和精英治理，以村委会为代表的乡村社区自治力量形成，并在后税费时期蓬勃发展。农村基层组织作为介于国家与农民之间的组织，具有整合农村资源、积累社会资本、实现自我治理等特质。社区精英是发挥社区自治能动性的重要领导力量，主要通过互惠机制、声望机制、信任机制、领导机制、规范机制等发挥自治能动作用（卢学晖，2015）。从村庄层面来说，充分发挥这些机制，有助于建立一个由村庄领导人为主导，各个阶层利益相关、充分了解、相互信任、自觉规范的村庄信用体系。然而这一自治性组织可能因缺乏合理的内部激励导致组织效率低下，或因为监督程序的不健全进而存在"精英捕获"问题等（贾俊雪、秦聪，2019）。复杂性的内部组织问题不能用单一的政府模式来分析，而应构建多中心的治理体系（Ostrom，2010）。自治组织可能由于资金、管理等原因不能发挥良好的中介作用、解决信息不对称问题（Aldashev & Navarra，2018）。而这一问题在农村基层组织发展时间短、内部治理结构不完善的中国尤为突出。村委会"弱监护人"的特征显著，对于村庄的管理无法实现"承上启下"的作用（申静、陈静，2001）。不仅如此，随着经济社会的发展，村委会这一基层组织逐渐"双重边缘化"，村干部难以均衡行政运行模式和民主化自治的结构性错位（吴毅，2002）。基层组织内部成员的协调性会极大程度地影响组织运作的效率（徐林等，2017）。因此，基层组织中的"能人"能够通过持续性的互动产生信任关系，从而使基层组织得以持续（罗家德、李智超，2012）。

农村基层组织可以有效整合资源并充分发挥治理能力从而解决贫困问题，实现贫困地区经济发展（Gauri & Galef，2005）。国内对村委会与农村经济发展的分析主要集中在实证研究领域，从村干部个人特征角度出发检验其与农村经济发展关系的相关研究成果丰富。不仅农村精英的规模对农民收入和农村经济发展有显著的促进作用（符钢战等，2007），其创新意识和创新能力对所在村庄的经济活动也有直接作用或辐射作用（高梦滔、毕岚岚，2009）。不仅如此，村委会组织成员的年轻化和知识化对农民增收和农村脱贫有显著的影响，在农村基层组织职能重心发生转变后，村干部的素质特征成为影响农村经济发展和农民收入的主要因素（赵波等，2013）。村干部个人特征对农民收入的提升作用主要通过两方面来实现：第一，高素质的村干部拥有更多的社会资源和更丰富的管理经验，更易引进外部投资发展农村经济；第二，高素质的村干部与上级部门沟通更为密切，容易获得有利于村庄发展的政策和信息（赵仁杰、何爱平，2016）。

在中国的扶贫历程中，自治组织在反贫困中不仅发挥了扶贫资源供给、践行贫困治理理念和技术等作用（覃志敏，2016），还实现了参与机制、瞄准机制、传递机制、监督与合作机制等多种机制（郑光梁和纪占武，2007）。对于自治组织的扶贫模式，现有文献主要总结为以下几种：物质扶贫模式、小微金融扶贫模式、制度扶贫模式等多种模式（王名，2001）。基层自治组织反贫困的优势不仅在于能够深入基层、了解居民最真实的需求（曲天军，2002），还存在有效整合资源、运用专业知识解决问题的优势（匡远配和汪三贵，2010）。但基层自治组织参与贫困治理同样存在一定的局限性。一是由于中国自治组织本身在发展规模、组织形式、空间分布等方面存在明显的滞后性（武继兵和邓国胜，2006），且组织内部成员参差不齐，协同合作能力有待提高；二是自治组织狭隘性和专门性的特点在极大程度上影响了反贫困的可持续性（匡远配，2010）；三是由于制度环境的不足也为自治组织反贫困带来较大的局限性（郑功成，2002），不仅缺乏完善的法治环境，同时规范化的合作制度和评估标准也有待建立。

2.5　文献评述

通过对国内外金融支持解决相对贫困的相关研究进行梳理和归纳对本书的研究工作具有重要借鉴意义，同时也发现了诸多不足和研究空白，主要体现在以下几个方面：第一，对于相对贫困的衡量标准尚未统一且缺乏动态跟踪。在现有研究中，无论是英国的根据家庭规模划分贫困标准，还是世界银行设定的极端贫困线、中等偏低贫困线、中等偏高贫困线，亦或是欧盟国家的税后收入中位数的

60%作为衡量标准，均是以收入为基础作为衡量标准，缺乏多层次的衡量方式以及动态跟踪的视角，尤其在中国，对于相对贫困的衡量方法众说纷纭，尚未形成一个权威的、统一的衡量体系。第二，现有研究关于金融支持解决相对贫困并未提供一个坚实的理论分析框架，大多数从金融扶贫的机制研究作为理论基础，或是列举相关的贫困理论，而没有阐述金融支持解决贫困问题的内在逻辑和理论支撑。第三，现有研究或是利用宏观数据检验金融发展对贫困的影响，或是从微观家庭角度分析金融支持对贫困的减缓效应，鲜有文献从宏观、中观与微观多角度进行分析。

鉴于此，本书将从以下几个角度进行探索：第一，分别从宏观和微观的角度提出相对贫困的衡量标准，宏观方面基于夜间灯光指数法、低保人数恒等法进行衡量，微观方面从中位收入比例法、绝对贫困乘数法等角度切入，形成多层次的相对贫困测度体系，并进行动态预测。第二，本书基于马克思主义贫困理论和中国反贫困思想回答为什么要用金融扶贫、金融能扶贫吗？以及金融是怎么扶贫的三个问题，形成本书的理论分析框架。第三，本书拟从环境优化效应、产业扶持效应、个体行为效应检验金融支持是否有效解决相对贫困。具体而言，从环境优化视角分析金融发展的减贫效应，探索普惠金融的空间外溢；从产业扶持视角分析正规金融与非正规金融对相对贫困的影响，并从金融能力的个体行为效应分析其减贫效应。

本章小结

本章主要从以下四个方面对现有国内外文献进行梳理：一是相对贫困的内涵、成因和测度。从绝对贫困的内涵出发，对相对贫困的提出、演进进行梳理，从经济增长、收入分配、制度因素与环境因素等方面探索相对贫困的成因，总结世界各国和组织对相对贫困的衡量方法，并发现其中的不足。二是对贫困减缓的影响因素及机制进行梳理，从财政支出、经济增长以及社会资本的角度分析其对贫困的影响，不同学者对于三者的减贫效应研究得出了不同的结论，为本书的研究提供了具有借鉴意义的有效参考。三是从金融支持反贫困的直接作用和间接作用两个维度对金融减贫的机制进行探讨，无论是金融规模或者效率，还是非正规金融发展，金融始终能有效缓解贫困，但这一影响机制可能存在非线性关系，且金融支持可能通过经济增长和收入分配的间接作用减缓贫困，本书将沿袭这一观点进行进一步探索。四是中国反贫困的政策研究，主要从普惠金融、社会保障和基层自治组织这三个政策性的制度或组织探索其反贫困效应。最后，通过对现有文献的梳理和总结，发现其不足之处，从而明确本书需要进一步探索的方向。

第 3 章　基于金融赋权的反贫困理论基础

针对新时期扶贫开发工作的新目标与新特点，从理论上进行突破与创新，进而为金融支持解决中国相对贫困提供理论支持是本章的研究目标。本章基于马克思主义贫困理论及其在中国的实践，对反贫困理论进行一般性分析，从自然地理环境、社会文化条件、制度安排构建等方面分析贫困的产生原因及其治理内核，制度保障是贫困治理的根本前提，大力发展生产力是贫困治理的关键环节，最终实现共同富裕是贫困治理的根本目标。基于此，提出金融反贫困的必要性，并从金融发展、金融供给、金融能力三个层次论证金融反贫困的环境优化效应、产业扶持效应、个体行为效应三个方面的作用机理，为后续内容的研究奠定理论基础。

3.1　反贫困理论的一般性分析

3.1.1　贫困的根源

学界对于贫困的形成因素进行了一番探讨但意见各不相同，有学者认为资源的稀缺导致了贫困的产生，但制度上的不均衡是导致贫困的根本原因，其他如自然地理环境、全力保障体制的缺失等因素也有被提及。经济学家萨缪尔曾在他的著作中将贫困按照不同的发生原因分为三类：一是由饥饿和生产力落后引发的普遍性贫困；二是由购买力不足引发的丰裕式贫困；三是制度安排和分配不当引发的制度性贫困。早期的研究认为，环境恶劣与资源匮乏所导致的物质和人力资本缺乏被认为是贫困发生的直接原因（Townsend，1979；World Bank，1980；Oppenheim，1993），物质和人力资本缺乏致使发展中国家陷入贫困恶性循环，并以此为支配与若干个相互联系和相互作用的“恶性循环”进一步加剧贫困状态（Ragnar，1953；Nelson，1956；Harvey，1957），贫困状态在没有外力（资本的注入等）作用的情况下将持续均衡。纳尔逊（Nelson，1956）提出了“低水平均衡陷阱”理论。他认为，发展中国家的经济表现为人均收入处于维持生命或接近于维持生命的低水平均衡状态，即所谓的“低水平均衡陷阱”。陷入“低水平均衡陷阱”中，任何超过最低水平人均国民收入的增长都将由人口增长所抵消，因此，发展中国家必须加大资本投入，以使投资与产出增长超过人口增长，突破“低水平均衡陷阱”。著名的贫困问题研究学者冈纳·缪尔达尔（Gunnar，1957）提出了“循环积累因果关系”理论来解释不发达国家因收入低而导致的贫困循环。缪尔达尔认为，社会经济发展的过程是一个动态的系统，在这一系统中，各种因素互相联系，互相影响，互为因果，呈现出一种“循环积累”的发展态势，即一个因素发生变化会引起另一个因素发生相应变化，形成“累积性的循环”。贫困循环的过程是贫困地区的贫困人口由于收入较低，导致生活质量低，进而影响其温饱和营养水平，以及医疗卫生状况恶化，影响健康水平。营养与健康水平不足，进一步造成人口质量低下，降低劳动力素质，最终导致劳动生产率的低下。劳动生产率低下又导致当地收入低下，从而开始新一轮恶性循环。所以，根据缪尔达尔的结论，收入水平低是导致发展中国家贫困的重要原因。杰弗里·萨克斯在《The End of Poverty：Economic possibilities for our time》中从人均资本与经济增长的角度对贫困陷阱机理进行了描述，如图 3-1 所示。他认为普通家庭通过储蓄、纳税的方式形成资本积累进而在促进经济增长的同时提高家庭收入，形成收入提高循环机制，而贫困家庭所有收入仅仅用于维持基本需要，在人口增长与折旧和负经济增长的双重作用下，收入提高循环机制发生断裂，贫困陷阱形成（Jeffrey Sachs，2005），因此他认为破解贫困陷阱的关键在于外部对贫困家庭的人道主义援助、小额信贷支持及对贫困地区公共投资预算支持。

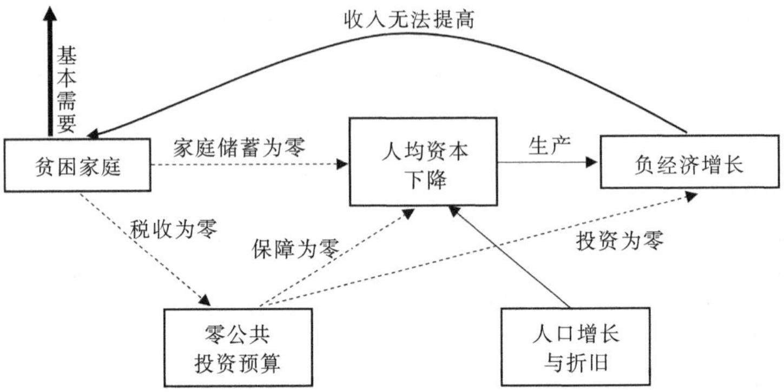

图 3-1　杰弗里·萨克斯贫困陷阱形成图

从现有的研究结论可以发现，某个地区长期贫困并非是由单一的因素造成的，而是由多种不同的原因错综叠加形成的，是综合作用的必然结果。由于生活时代条件的局限性，以往马克思主义的经典作家并没有对以上贫困因素进行系统分析。马克思恩格斯侧重于分析资本主义制度下，制度因素在造成贫困中的作用。而列宁和毛泽东则是基于社会主义国家贫困现象的普遍存在，着重阐述了自然条件、科技、教育和劳动力等因素的作用。

1. 由恶劣的自然生态环境引发的区域发展障碍型贫困

自然资源能够对一个国家或者地区的生产力发展水平和社会文明提升程度发挥重大作用，这一点在长期以来世界经济的发展中已经被证明，同时自然资源的缺乏也很容易导致一个国家或地区发生大面积的贫困。《经济学》一书提出："亚洲非洲自然资源贫乏、土地贫瘠、淡水资源不足导致了长期贫困，相反美国加拿大等国具有丰富的自然资源能够为工业扩张奠定前提"。但马克思和恩格斯等马克思主义经典作家以及中国共产党领导人不是自然主义论者，并不认同自然地理环境是造成一个国家富有或是贫困的决定性因素，但是同样在自己的著作中肯定了自然地理环境和资源对人类社会发展的重要作用，以及中国共产党领导人反复强调了自然地理帮助扶贫返贫的重要作用。

马克思主义认为自然资源不足时，人们将需要花费更高的成本从自然界中获取基本生活资料和生产成本，必要劳动时间也由此增加，这也是贫困产生且长久存在的原因。马克思主义还指出了自然资源的实用性和价值，“阳光、空气、森林和草地”等自然资源组成了社会商品的原材料，在原材料的基础上增加必要劳动又构成商品的使用价值，而自然资源的缺失会导致构成商品的物质载体——原材料的缺乏，最终具有使用价值的社会物质财富也就难以形成。因此，自然资源缺乏时，一个国家或者地区一定会陷入贫困。

马克思在其著作中论述有关剩余价值形成的原理对自然资源形成的原材料在商品价值中所做出的贡献进行了充分肯定，他认为工人每天劳动创造的所有价值包括三个部分：生产资料转移出来的价值、劳动力所创造的自身价值和剩余价值。一个资本家的资本则是由两部分构成：一是可变资本用来购买工人的劳动力，二是不变资本用来购买一些包括原材料在内的生产准备材料。

原材料以不变资本的形式在生产过程中转移到新产品中去，成为商品使用价值的一部分。从马克思的论述中可以发现他对于工人在劳动中需要从自然界获取原材料的价值具有充分的肯定，马克思还指出人类的物质资料都是从大自然中获得的，大自然中所含有的自然资源为人类的生产生活提供了资料，例如食物、燃料和衣服等必需品的存在帮助人类生存生产和繁衍。“一切劳动以占有和生产食物为目的”。可见，自然资源不足往往导致贫困的产生和持续，从马克思到习近平都对这一问题有清楚的认识。邓小平对于中国面临的贫困现状有过论述，他指出造成中国贫困的原因有以下几个特征：人口多、底子薄和自然资源稀缺。而在“八七扶贫攻坚计划”制定之初，江泽民也曾经提出中国较为贫困的中西部地区是当前扶贫减贫的重要对象，面临着自然资源稀缺、经济基础差和技术实力薄弱的严峻挑战。

马克思主义理论中对于贫困问题分析的正确性由中国贫困地区的分布状况，以及世界银行对于发展中国家贫困问题的研究得到证明。从国务院公布的中国政府反贫困报告中可知中国的中西部地区，例如云贵高原、甘肃宁夏西北部以及内蒙古东北部，因为土壤贫瘠、常年干旱和自然灾害多，因此有绝大多数贫困人口集中在此。因为这类地区地理环境的恶劣，导致难以提高基础设施建设，自然资源也因此大面积流失，地区内人口素质难以大规模提高。非洲撒哈拉以南的贫困地区曾经受到过世界银行的关注，研究发现该地区的劳动力是全世界最难从自然资源中获得原材料的，从自然界获取生活资料的能力也是最差的，这间接证明了马克思主义关于自然地理环境是导致贫困发生重要外在诱因观点的科学性。

2. 由滞后的社会文化条件引发的结构型贫困

自20世纪中叶起，全世界都在开展扶贫建设，致力于贫困问题的解决。但自然地理环境是导致贫困的关键原因之一，通过研究日本、新加坡、以色列等国的发展进程，发现在自然资源匮乏的情况下，原本生存条件不够优越的国家也能通过改善社会文化条件来改善贫困。社会文化条件的作用开始引起学者的关注与讨论，马克思主义经典作家和中国共产党领导人尤其重视对科学技术和劳动者素质两大因素的阐述。

（1）科学技术

马克思对于自然科学及技术变革在生产中的应用给予了密切关注和高度评价，在《1857—1858年经济学手稿》和《资本论》中包含着大量论述科学技术的内容。马克思认为资产阶级在过去短期内创造的生产力比过去一切时代所创作的生产力总和还要多，在这些生产力中包含劳动者的平均熟练程度、科学及其在技术上的应用水平等。科学技术同样是生产力范围中的一种，它能提升生产力的效率和改变生产力水平。马克思指出科学技术是一种在历史上起推动作用的革命的力量，“蒸汽、电力和自动纺机甚至是比巴尔贝斯、拉斯拜尔和布朗基更危险万分的革命家”。这些革命家仅仅只是在思想层面对于现行的资本主义进行反抗，且个人的力量是微薄的，但科学技术却是投入实践中去，通过应用大规模的改变人类的生活，从而改变人类社会的历史面貌。科学技术的作用是革命性的，相比于仅仅几个革命家在思想层面的鼓动，科学技术作用要更大，因此也被马克思称为是“更危险万分的革命家”。

20世纪下半叶以来，随着第三次科技革命的爆发，科学技术在改变贫困状况中的作用日渐突出，科学技术在发展生产力以及帮助人民生活水平改善的作用被邓小平、江泽民等领导人突出强调。邓小平认为“科学技术是第一生产力”，科技创新能够提高人民的生活水平。江泽民从科技落后的影响角度对科技的作用进行了普及，他认为科技不管是对于贫困地区的物质文明还是精神文明都有影响，指出“一个国家科技知识普及程度，从根本上决定这个国家生产力和文化发展水平和这个民族的创造能力”。贫困地区经济落后的一个重要原因是科技落后和生产经营粗放，科技的落后不仅会导致物质的贫困，也会造成一个地区的“精神贫困”。因此，要大幅度提高劳动生产率和人民群众的物质文化生活水平，就必须在推动科学技术的进步上付出艰苦努力。1991 年，中国科协第四次全国代表大会提出各级干部把经济建设真正转移到依靠科技进步和提高劳动者素质的轨道上来，贫困地区的干部在扶贫过程中要为农民群众提供科技知识、科技服务、科技信息等。

（2）劳动者素质

劳动人民的素质不仅是指劳动者的知识储备，也是受教育程度、技能水平和思想状况等方面的综合反映。综合素质不仅仅是先天遗传造成的，也是接受教育和培训之后得到的提升。在社会生产力水平发展的不同时期，劳动者素质水平的高低也有不同的侧重之处。较为传统的农业社会里，劳动者的数量是决定一个地区能否获取自然资源的关键指标，越多的劳动者，制造物质财富的能力就越强。而在更注重知识的时代，知识经济是发展的趋势。劳动者素质的高低则更加优先于劳动者的数量，是影响一个地区经济发展的重要因素。1960 年，舒尔茨做出过预测，未来人类人力资本的提高将会对经济增长有着超越劳动者数量和物质资本的贡献。

中国的人口在 20 世纪 50 年代就已经超过 6 亿，但有近 2 亿的人民生活水平低于贫困标准，生活压力大从而难以脱贫。特别是中西部地区的贫困人口多，自然条件较差，生活以小农经济为主。劳动人口越多的家庭更有利于积累家庭的物质财富，因此该地区的人口出生率远远高于全国平均水平。1965 年，全国人口增长率为 2.84％，中西部省份为 3.96％，少数民族聚居的贫困地区多数高于 5％；1985 年，全国人口增长率为 1.12％，中西部省份为 1.44％，少数民族聚居的贫困地区多数高于 2.12％。人口越多当地较为有限的物质财富就被大量分割，同时就业机会也被大大削减，竞争压力较大，因此增长的人口和提高劳动者的素质形成了恶性循环的两端。20 世纪 80 年代末期，中国贫困地区的劳动人口中，仍有50%的文盲，到90年代文盲发生率仍然高于34%。因此，马克思主义越发展，对劳动者素质的认识就越清晰，对通过提高劳动者素质来解决贫困问题的论述就越丰富。

3. 由基础性制度体系缺失引发的制度供给不足型贫困

不同于前文所分析的自然资源与社会条件，制度安排更是一种具有决定性的因素。社会形态这一因素会随着社会地位的不同而产生变化，好的制度能够帮助经济增长，从而有效消除贫困。特别是市场经济的制度安排是帮助贫困消除的基石，该结论的存在深刻影响了马克思主义反贫困理论。

马克思、恩格斯在实际生活中和理论研究中已经就制度安排对贫困产生和消除的影响有了较为深刻的认识，在研究了资本主义的生产关系后发现，正因为有特殊的政治经济制度，资本主义的社会形态将会造成阶级和国家的贫困。资本主义的政治制度是指自由选举制度，而经济制度则是私有财产制度，存在于资本主义社会下的两种制度是造成阶级和国家贫困的根本原因。在资本主义制度下，剩余价值规律就像一条锁链束缚在工人阶级身上，工人阶级是一个被剥夺了剩余价值且被资本家所利用的群体。

资本主义经济制度及私有财产制度的运行规则是剥夺工人的剩余价值，并且将该规则以法律的形式固定，创造出来的资本财富才能从工人源源不断地流向资本家。贫困聚集区的生活与资本家的生活形成了强烈的对比，也成了社会进步与发展的绊脚石。正因为资本家拥有充分的资本，因此便可以依靠资本抢占无产阶级所创造的价值，这样的行为违反了社会正义，也是资本主义制度丧失道德和合法性的原因。生产力正在不断进步，生产资料是资本主义下的社会化生产中生产关系的支持工具，而在私有制中则是归属于极少数的资本拥有者。因此资本主义生产力的发展与生产力及其生产关系的发展是矛盾的，其私有制也是与社会化大生产趋势相悖的。

资本主义利用生产资料的私有制将经济关系上无产阶级的贫困地位固定下来，而自由选举制度则是固定了政治上无产阶级的贫困地位。恩格斯晚年的资本主义社会也实行过选举制度改革，名义上允许工人阶级的加入，但实际上这种选举制度仍是只为有钱人所打开。从 18 世纪 70 年代开始，英国经过六次大型的制度改革，1918 年通过的《国民参政法》首次将选举权赋予妇女。1964 年，美国才通过 24 宪法修正案取消了选民人头税及其附加的其他税种。而现代资本主义国家参加竞选所需要支付的费用把贫困的工人阶级排除在外，在各个现代化的资本主义国家，参加竞选时需要支付额外的费用，这笔费用则阻碍了工人阶级的加入。因此，资本主义社会下不管是政治制度还是经济制度，工人阶级早已被置于一个被动的地位，永远将处于贫困且饥饿的状态，被资产阶级所剥削压迫。新中国成立后，社会主义制度的建立从根本上消除了导致工人阶级贫困的制度根源。但社会主义国家的资源配置体制、教育医疗体制、城乡二元体制、就业体制、科技推广体制等，仍有可能造成贫困。

中国自 1978 年以来的大规模扶贫开发成效在一定程度上印证了缪尔达尔的循环积累因果关系和萨克斯的贫困陷阱理论。1978 年以来，中国农业和农村经济的增长是在一系列的改革开放措施、持续的人力和物质资本积累和不断的技术进步下取得，农业和农村经济的持续增长成为大规模减贫的主要推动力量（汪三贵，2008），据国家统计局统计，按照官方贫困线和收入指标估计，中国的农村贫困人口从 1978 年的 2.5 亿下降到 2007 年的 1478 万，总共减少了 2.35 亿，年均下降 9.3%。贫困发生率从 1978 年的 30.7%下降到 2007 年的 1.6%。然而，物质和人力资本缺乏远非贫困的决定性因素。一方面，物质和人力资本缺乏的地区存在大量非贫人口，可资源禀赋充足的地区也存在大量贫困人口该如何解释？另一个证据是，现阶段中国扶贫开发工作仍然存在诸多难点，其中最突出的问题是，在国家扶贫开发投资增加的同时，减少绝对贫困的效果却呈边际式递减：2011～2014 年，中国减贫幅度分别为 26.1%、19.2%、16.7%、14.9%，呈逐年下降趋势（宁吉喆，2015）。同时，安格斯・迪顿（Angus Stewart Deaton）指出，要设计出可以提升福利、减少贫穷的经济政策，关键在于理解个体的消费选择。由此看来，杰弗里・萨克斯关于贫困陷阱的分析忽略了对贫困者消费选择的分析。可见，尽管物质和人力资本是影响地区经济发展、减少贫困的重要因素，却并非决定性因素。

另一些观点从更深层次的因素对贫困发生进行了研究。穆罕默德・尤努斯

(2006)认为，贫困是制度安排和机制失败的结果，是“人为”的，如果改变制度设计，给穷人一个平等的机会，他们就会创造一个没有贫困的世界。二元经济与户籍制度造成的城乡分割、农村土地产权制度缺失等被认为是造成中国贫困问题的重要原因（林毅夫，2008）。人力与物质资本的缺乏、人均资本的不足等是诱发贫困累积循环的重要因素，这些因素使贫困人口丧失了改善贫困状态的能力与机会，而这些因素却由制度所决定，因而制度才是贫困发生的决定性因素。

3.1.2 贫困治理基本内核

1. 制度变革是贫困治理的根本前提

资本主义制度本身是造成资本主义社会贫困的根本原因，而社会主义制度的建立则彻底消灭了这一制度障碍。但是，这并不表明导致社会主义社会贫困产生的一切根源全部得以根除。事实上，在现实社会，许多社会主义国家因为体制机制与生产力的不相适应而造成贫困。因此，在马克思主义贫困理论中，将资本主义制度推翻能够从根本上破解资本主义制度的贫困，而对于社会主义制度，则需要将生产关系中不适宜生产力发展的各种体制弊端进行改革。

马克思曾对资本主义社会的贫困原因做出解释，即剩余价值规律和资本积累规律仍然发挥着基础性作用，资本主义制度下资产阶级和无产阶级两级对立的问题还没有得到根本解决，现代文明社会越来越分裂了。工人阶级仍然是无产阶级，除了自己的劳动力之外仍然一无所有，没有任何的私有财产，生产资料也是归资产阶级所拥有。在资产阶级社会里，无产阶级贫困的根本原因主要是资本主义制度本身的制度问题，而并非缺少社会保障体制，或是资本家缺少道德亦或是其他的体制问题。现今的一切贫困灾难，完全是由不适合的社会制度造成的，必须用另建新制度的办法来彻底铲除这一切贫困。只有建立新的社会制度，推翻之前原有旧的一切资本主义制度，才能让每个劳动者，即社会成员的力量和才能充分发挥。

社会主义的贫困与资本主义不同，是由于当前的体制机制有所缺失和不够健全导致的，社会主义国家也因此有了创新和改革国家体制的契机。但在历史上，社会主义往往将根本性制度和临时性体制二者混淆在一起，将某些临时性社会主义特征混淆为是社会主义的根本特征并且坚持下去。中共十二届三中全会通过了《关于经济体制改革的决定》，首次以政治文献的形式正式区分了“制度”与“体制”，将社会主义根本制度称为“制度”，将非本质的临时制度安排称为“体制”，从理论上为推行经济体制改革提供了可能。自此之后，中国共产党在20多年中，将社会主义制度中的各种政治、经济、社会体制做出调整，这些都是导致贫困的原因，也为中国几亿贫困人口脱贫奠定了基础。

中国在1978年至1984年以农村地区为试点，实行家庭联产承包责任制，将土地的经营权变更，形成了以家庭联产承包责任制为基础、统分结合的双层经营体制。在这一体制下，土地的所有权变更为村民集体所有，而经营权属于农业生产合作社等集体经营组织，村委会将所辖土地承包给个体农户，农民切实拥有了土地的使用权，并且土地管理法明确规定“家庭联产承包责任制长期不变”。而土地使用权的落实，使得农民从中获得了许多由土地盈利增值所带来的利益，也大大提高了农民的生活水平。此后在中西部的贫困地区有近一亿的贫困农户脱贫，这也是调整与生产力不相适应的生产关系的成功案例。1988年农业部调查经过土地改革后，因为家庭联产承包责任制的顺利实行，农民的土地使用面积提高到了17.6%。除此之外，垦荒的面积也是年年递增，增长率为6%。以上种种迹象都表明，社会主义国家只有调整生产关系，改革不适合生产力发展的体制机制才能消除社会主义国家贫困治理。

2. 大力发展生产力是贫困治理的关键环节

在社会主义制度下，生产力是怎样发展的是马克思、恩格斯和中国共产党的领导人都高度重视的。马克思、恩格斯认为未来共产主义应该建立在生产力高度发达的基础之上，以切实保障人民群众的基本生活。一旦缺乏生产力的高度发展，便会加剧贫穷的普遍化，而在极端贫困的情况下，必须重新开始必需品的斗争，全部陈腐的东西又要死灰复燃。为此，马克思分析了无产阶级建立社会主义制度国家之后，要把生产资料等全部资本集中在无产阶级手中，尽可能快地增加生产力的总量。马克思对于生产力的发展是极为重视的，但是马克思的思想中并没有指出发展生产力是解决工人阶级的贫困问题。他认为社会主义革命首先会发生在生产力比较发达的资本主义国家，然而现实正相反，由列宁领导的俄国社会主义革命和毛泽东领导的中国社会主义革命都是发生在生产力基础不发达、人民文化素质整体较低的农业国。

列宁领导的俄国社会主义革命，建立了世界上第一个社会主义国家，也最早意识到应当重视工人阶级的贫困问题。原本苏俄是一个经济发展不足、以小农经济为主的较为落后国家。苏俄极度缺乏粮食和日常生活用品，农业主要是人力操作，缺乏机械化运作，再加上战争的侵害以及自然地理灾害，十月革命虽然取缔了资本主义，但是经济发展十分滞后，苏俄陷入严重的贫困当中。列宁认为“贫困、饥饿、挨冻和一切苦难是生产力不足造成的”，在建立社会主义国家后，贫困问题是由生产力水平不高引起的。要解决国家和阶级贫困，就必须大力发展生产力，提高劳动生产率，提高农业生产的机械化水平。列宁为此列出了当时苏维埃政府面临的几项重要任务，包括大力发展租让制，让外国企业代为经营管理苏维埃的大企业；大力发展小业主合作社；允许国家资本主义经济组织；放手使用旧社会遗留下来的科学技术专家等。列宁认为，需要让多种不同的经济形式发展起来，才能提高生产效率，经济水平也会大幅度提高，帮助贫困现象解决，巩固社会主义新生政权。

新中国成立后，毛泽东也意识到了发展生产力的重要性。指出社会主义改造完成后根本任务是“在新的生产关系下保护和发展生产力”，并提出了通过在农村推行集体经济和“人民公社”的方式改变贫苦农民生产效率低下、抵御自然灾害能力不足的弊端。1978 年在中国开始改革开放，邓小平除了继承列宁和毛泽东的思想之外，在此基础上还提出了发展生产力的必要性和紧迫性。重点强调了社会主义国家为什么要发展生产力、怎样发展生产力的问题。邓小平推动党和国家的工作重心转到经济建设上来。在此基础上，将生产力的发展问题提到了社会主义制度优越性以及本质特征的理论高度。将解放和发展生产力问题也纳入社会主义本质的范围中。习近平在贵州、宁夏等贫困地区调研时曾指出，要坚定不移地解放和发展生产力，坚定不移地走共同富裕之路，帮助贫困地区实现小康，贫困地区不能实现小康，就等于全国没有实现小康。

3. 实现共同富裕是贫困治理的根本目标

社会主义的最终目的是实现共同富裕，富裕意味着贫困的消失，共同富裕则是消除社会两极分化和贫困之后实现的普遍富裕。早在1884年的《经济学哲学》手稿中，马克思就已经论述了资本主义私有制的存在意味着对于劳动者和劳动商品是对立关系，这样的关系必然会导致资本主义的破灭。而共产主义社会的目标是共同富裕，也就意味着生产资料公有，劳动者都将是生产资料和物质财富的所有者。就是说，为了共同的利益，按照共同的计划，在全体成员的参加下来经营。最初，马克思分析了共产主义社会实行财产共有制的意义时受限于历史发展阶段，并没有深刻阐述财产共有和共同富裕之间的关系。但随着理论研究逐渐深入，马克思对于经济学理论的研究也论述了这一问题，他在《政治经济学批判大纲》中说明，在新社会制度中，生产将以所有人的富裕为目的，这样才能保证一切生活成员有富足和日渐充裕的物质生活。以上可以看出，马克思认为建立以生产资料共有为基本特征的共产主义社会，才能消除工人阶级贫困。

3.1.3　金融赋权下的反贫困理论

1. 基于权利交换集视角的反贫困理论

国内学者基于不同的角度对参与市场的权利及产出分配的权利进行了研究，刘长庚和韩雷（2012）以科学发展观和马克思经济理论中劳动价值论为基础，将经济系统看成一个整体，市场经济系统所具有的联合产权性质定义为广义联合产权，从权利配置视角研究市场参与者的生产权利配置、经济系统产出权利配置，其中经济系统产出权利配置又可分为具备专业生产能力的个体收入权和不具备专业生产能力的个体保障权两个维度，并提出市场经济具有广义联合产权的制度性质。

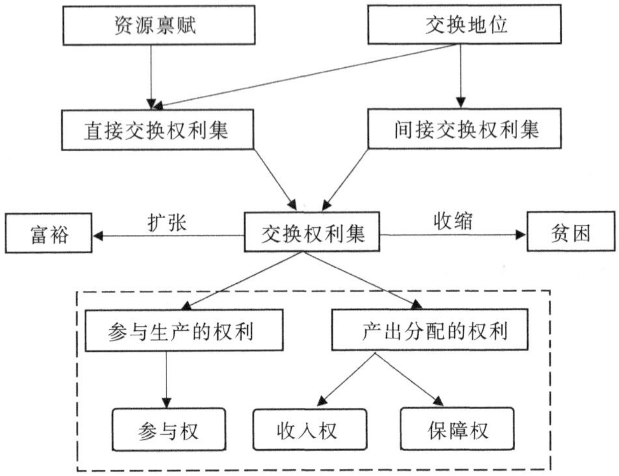

图 3-2　阿玛蒂亚·森的权利与能力理论

基于以上视角，本章研究认为，减少贫困的最终着力点在于提高贫困户获取参与权、收入权和保障权的可行能力，有效金融支持在提高“三权”可行能力的同时，达到“精准瞄准”要求，成为解决相对贫困的有效抓手。金融支持可以提高贫困户市场经济的参与权，使贫困户享有充分的收入权，实现“造血式”的自我可持续发展。此外，金融支持通过促进经济增长增加财政税收，为市场经济中不具备生产条件的个体（老、弱、病、残）提供转移支付、更好的教育、医疗救助等方法来获得收入，让其享有全面的保障权。

2. 基于交换权利集视角的贫困人口致贫原因理论研究

从交换权利集的视角来看，贫困农户的致贫原因或是贫困户具有不充分的参与权，或是贫困户在整个经济体系中享有极少的收入权，或是贫困户保障权覆盖面不全面，也可能是这三者共同作用导致贫困。

从参与权的角度来看，贫困户具有不平等的参与权。发展经济学中的观点指出，贫困问题很大程度上由缺乏资金支持造成。一方面，部分贫困户具备进行专业化生产参与市场经济的能力，却因“财务残缺”特征成为金融排斥的主体，这一类缺乏融资渠道的贫困户无法获得资金进行专业化生产，完全丧失市场参与权。另一方面，部分具备参与市场经济能力并已进行专业化生产的困难户同样受困于“金融排斥”，无法通过融资进一步规模化生产，仅仅处于较低的“自给自足”市场参与阶段。即使部分贫困户可获得一定数量的转移支付（扶贫资金），然而扶贫资金侧重于贫困户的生活补助，往往无法满足贫困户进行专业化生产的融资需求，这一部分农户同样无法进行专业化生产，与完全丧失市场参与权无二。平等的参与权是贫困户通过专业化生产进入市场经济实现自我可持续发展的“第一步”，然而从上述三个方面来看，贫困户往往无法享有平等的参与权从而丧失了摆脱贫困的机会。

从收入权的角度来看，贫困户在整个经济体系中享有极少的收入权。贫困户在市场经济中处于弱势地位。一方面，缺乏资金支持的贫困户只能进行传统农业生产，生产效率低下的同时，还面临着自然灾害、季节性变化、产品滞销和人身伤害等意外风险，收入水平难以提高。另一方面，现阶段中国劳动收入占比较低，部分易地搬迁的贫困户因无资金支持无法改变缺乏专业技能的状态，被迫从事收入仅仅维持基本生活的非农生产，无法摆脱贫困，无法实现致富。无论是贫困户进行农业生产还是非农生产，由于资金的缺乏而仅仅享有极少的收入权，其摆脱贫困的过程是极其漫长、充满风险而无效率的。

从保障权的角度来看，贫困户保障权覆盖不全面。由于地区间的发展不平衡，地方政府用于转移支付、提供良好教育等方面的扶贫资金数量存在差异化。一方面，一些贫困地区根本无法从财政税收上提供扶贫资金，随着当地不具备生产能力的贫困户（老、弱、病、残）数量增加，地方贫困加剧，陷入“越来越穷”的恶性循环。另一方面，即使一些地区可提供一定量的扶贫资金，然而所提供的扶贫资金数量有限且无法实现可持续使用，造成“聊胜于无”的贫困状态。中国现阶段贫困人口中存在约 40%的不具备生产能力的贫困户（老、弱、病、残），针对这一类贫困户群体的覆盖面不全面造成了一部分人始终无法摆脱贫困。

3.2　金融反贫困的必要性分析

3.2.1　金融支持解决相对贫困具有可持续性

一次性发放资金、物资或财政补贴不能解决长期的问题，实现贫困人群发展的可持续性、自我的可复制性与长期性才是脱贫的根本路径。金融支持解决相对贫困以政策为引导，通过合理设计的金融工具和金融机制来引导金融产品和服务流向欠发达地区、弱势群体和低收入人群。加大金融支持解决相对贫困力度，需要提高金融服务的覆盖面和深度，创新面向贫困地区的金融产品和服务。长期来看，在巩固脱贫成果和建立解决相对贫困的长效机制过程中，金融支持必然要遵循市场化原则，兼顾政府和市场在资源配置中的作用，使金融机构的社会性和商业性有机结合，在惠及贫困地区和贫困群体的同时，实现可持续发展。

具体而言，金融扶贫是指金融系统开展的与扶贫开发相关的诸多行为措施，是通过运用各种金融工具，满足贫困地区金融需求，支持贫困人口脱贫致富和贫困地区经济社会发展。改革开放后的经济转轨过程中，金融扶贫是政府扶贫政策的一个重要组成部分，是提高低收入群体生活质量、实现社会和谐发展的政策工具。在脱贫攻坚背景下，金融扶贫具有更加丰富的内涵，是按照精准扶贫精准脱贫基本方略要求，整个金融行业共同履行社会责任、共同参与的扶贫行动。金融扶贫从制度设计到产品开发，都体现了金融改革创新和扶贫改革创新的融合，是整个金融系统共同践行的金融扶贫顶层设计及具体实施。完善金融服务机制，发挥政策性金融的导向作用，引导和鼓励商业性金融机构创新金融产品和服务，增加贫困地区信贷投放；通过农村信用社、村镇银行、小额贷款公司和贫困村资金互助组织等方式扶持贫困地区发展；通过完善扶贫贴息贷款政策，增加财政贴息资金，扩大扶贫贴息贷款规模，推广小额信用贷款，推进农村青年创业小额贷款和妇女小额担保贷款工作；建立贫困地区信用制度建设，通过信贷、担保、保险等方式改善对农业产业化龙头企业、家庭农场、农民合作社、农村残疾人扶贫基地等经营组织的金融服务。

3.2.2 金融支持解决相对贫困可实现内生性增长

阿玛蒂亚·森认为，贫困的发生，最根本的原因在于“可行能力”的丧失与被剥夺，使得贫困者因不具备基本的能力而陷入贫困不能自拔。可行能力包含一个人改变自身近况、适应周遭社会的最基本的能力，如认知能力、判断能力、应对挑战的能力、创新的能力，等等。但是“可行能力”的获得，需要以一个人获得基本的权利保障为前提，需要较为系统的制度支撑。比如一个人有受教育权利，只有受到良好的完备的教育，才能具备一定的认知与判断能力；一个人要有医疗权，获得较好的医疗和保健服务，才能保证有健康的身体以适应工作的挑战；一个人要有劳动权，社会要给他提供相应的就业机会；一个人还要有迁徙、创业、获得信贷、养老的基本权利等。如果一个人的受教育权、医疗和社会保障权、创业权和信贷权、迁徙和其他自由选择权受到损害、不能得到保障或者被剥夺，他的可行能力就是残缺的，不能应对来自外界的挑战，因而就有可能陷入贫困。所以，要有效减贫，首先就要加大“赋权”的力度，就要保障人民的基本权利不被侵犯和剥夺。对于这一点，习近平曾多次强调“我们要随时随刻倾听人民呼声，回应人民期待，保证人民平等参与平等发展权利，维护社会公平正义，在学有所教、劳有所得、病有所医、老有所养、住有所居上持续取得新进展，不断实现好、维护好、发展好最广大人民根本利益，使发展成果更多更公平惠及全体人民。”金融手段是提升贫困人群可行能力的重要途径之一，通过信贷等方式，贫困人群能够极大地以自主的内生的方式拓展自己的可行能力，提升其应对生活挑战并改善生活境况的能力，获得一种内生性增长。

3.2.3 金融支持解决相对贫困可构建绿色健康金融生态

金融支持解决相对贫困，要有效发挥作用，离不开信用、法律等金融生态环境的改善。研究认为，信用环境是影响贫困地区金融能力提高的关键外部环境（雅荣、本杰明、皮普雷克，2002）。但什么因素影响信用环境趋好还是趋坏呢？有研究强调行业协会对信用环境建设的积极作用（王天雨，2004），这种观点实际上吻合了现代信用制度的三个特征（国家立法规定信用信息公开、社会中介组织发挥枢纽作用、信用的激励机制和惩戒机制）（石新中，2007）。总之，大部分的研究都肯定了政府在社会信用环境建设中的主导作用，提出加强信用制度的法律法规建设，加强信用监管、失信惩戒制度和道德建设等政策措施（曾康霖，2008；张亦春和谢清河，2006；洪正，2011）。而实际上，由于中国贫困户对政府具有“强依赖”特征，发挥政府在信用环境建设中的作用十分必要（陈雨露和马勇，2008）。

与信用环境高度相关的概念是金融生态环境。据考证，这一概念在 2001 年便被学界提出（徐诺金，2007）。周小川较早地认为，所谓的金融生态主要指的是金融生态环境，而且以法律环境为根本，同时，也牵涉到相关的会计准则、信用环境、信息披露、外部审计、司法执行完备与否、市场信息获取的便利性等微观环境。在 2009 年，周小川有了更深入的论述，他认为，是否存在地方政府的干预、区域信用评级体系是否完善、地方政府的执法是否公正等，都是金融生态研究应该关注的重要维度（周小川，2009）。而中国社会科学院金融研究所则更倾向于将金融生态理解为一个系统，认为金融生态系统是由金融主体及其赖以存在和发展的金融生态环境构成，是两者彼此依存、相互影响、共同发展的动态平衡系统（李扬等，2005）。但不论哪种观点，均强调良好的金融生态环境，特别是法律环境和信用环境好，有利于降低不同利益主体之间博弈的次数和成本，从而带来金融脱贫的适应性调整和优化。

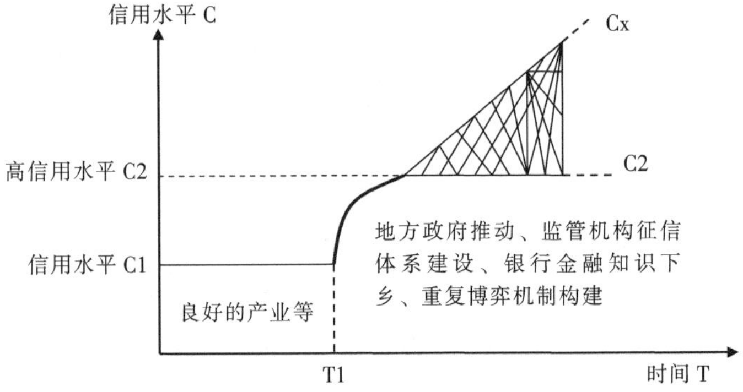

图 3-3　利益相关者合力推动下的信用水平演进路径

如果当地具有比较优势明显的特色产业，辅以地方政府“自上而下”的推动、监管机构贫困地区征信体系的建设、银行等金融机构金融知识的宣传以及对诚实守信贫困户给予贷款优惠的重复博弈机制建设等措施，贫困地区的信用环境水平会在短时间内发生明显“跃升”（从 C1 跃升到 C2），如图 3-3 所示。并且由于信用环境的建立和改善，使得低端市场的借贷者如农民不再认为资金是“免费”的，相反，使他们坚定了“诚实守信的借贷者将受到正面激励”的信念（联合国开发计划署，2006）。当“地方政府、银行、贫困户”之间形成良性互动之后，信用环境便可能在较高的水平上维持并继续改善（C2 到 Cx），信用成本随之下降，金融脱贫效率得到优化。

虽然国外没有直接冠名以金融生态的研究成果，但强调金融领域中法律与信用环境对金融脱贫至关重要的文献较多。例如，在关于如何提高（正规）金融机构的效率问题的研究中，Yaron & Benjamin（1998）提出，应该从微观、宏观两个层面入手：在宏观层面将立法环境、信用环境、市场退出成本纳入研究框架；在微观层面则增加了信贷条款和技术进步。Navajas 等（2000）则利用社会福利理论研究了金融市场的绩效，证明了良好的金融环境有利于实现贫困户收入的公平增长。Reka（2005）认为贫困地区信用体系建设包括建立评级机构、征信机构以及客户信息共享机制等，借款人的声誉可以作为抵押替代，这对于缺乏抵押的贫困户获得借款来说是很有意义的。可见，国内外学者一致认为，好的金融生态环境对好的金融脱贫效率十分重要。

3.3　金融支持解决中国相对贫困的作用机理

本部分将金融支持划分为金融发展、金融供给和金融能力三个层次，探索总结其对解决相对贫困的环境优化效应、产业扶持效应和个体行为效应。

3.3.1　金融发展与相对贫困：环境优化效应

库兹涅茨曲线表明，在一定阶段，金融发展会拉大收入差距、提高基尼系数，而越过这一阶段之后，金融发展会通过涓滴效应[①]缩小收入差距。部分贫困户具备进行专业化生产参与市场经济的能力，却因“财务残缺”特征成为金融排斥的主体，这一类缺乏融资渠道的贫困户无法获得资金进行专业化生产，完全丧失市场参与权。另一方面，部分具备参与市场经济能力并已进行专业化生产的困难户同样受困于“金融排斥”，无法通过融资进一步规模化生产，仅仅处于较低

① 涓滴效应是指在经济发展和金融发展到一定阶段后，由于较为发达的地区生产要素价格的上涨，平均利润率低，而欠发达地区的生产要素成本低的优势会逐步显现出来，加之政府的引导，导致生产要素由发达地区向欠发达地区转移，促进经济增长，缩小区域差距。

的“自给自足”市场参与阶段。平等的参与权是贫困户通过专业化生产进入市场经济实现自我可持续发展的“第一步”，然而贫困户往往无法享有平等的参与权从而丧失了摆脱贫困的机会。构建多层次、广覆盖、可持续的金融发展体系，可以在较大程度上改善贫困地区信贷环境，缓解贫困人群的信贷约束，有效实现贫困户平等的参与权，从而平滑其收入水平，降低经济发展和金融自由化过程中的收入不平等程度。此外，金融与社保相融性与协调发展性体现了金融发展与社保完善的互动关系，社会保障引领着金融市场发展，金融发展反哺社保体系完善，由此可见，金融发展间接促进了贫困人群保障权的实现。

3.3.2 金融供给与相对贫困：产业扶持效应

金融是促进乡村振兴和产业兴旺的关键路径之一，其自身对于产业的带动效应能够大力促进乡村产业发展。在中国，缺乏资金支持的贫困户只能进行传统农业生产，生产效率低下的同时，还面临着自然灾害、季节性变化、产品滞销和人身伤害等意外风险，收入水平难以提高。另外，部分易地搬迁的贫困户因无资金支持无法改变缺乏专业技能的状态，被迫从事收入仅仅维持基本生活的非农生产，无法摆脱贫困，无法实现致富。而金融供给能有效推动产业发展，为贫困户拓宽收入来源并提供大量就业机会，实现贫困地区与贫困户充分的收入权。

首先，金融通过提供信贷资金，弥补乡村小微企业发展过程中的资金短缺问题，帮助乡村产业发展。金融为乡村产业提供资金，可以从建立健全面向小微企业的征信和信贷体系，以及风险管理体系开始，缓解农村地区的小微企业融资问题，帮助乡村企业可持续经营并为乡村劳动力提供就业岗位。其次，金融对乡村产业发展的作用从帮助乡村企业创新可以体现。金融提供的资金能够帮助企业在研发过程中通过跨期分散资金风险减小企业损失的可能性，从而企业能更加大胆地进行技术创新，创新的成功率也因此而提高。金融机构能够发挥资源配置的功效，对乡村产业中的优质企业进行筛选，引导金融资金流向优质新产品与新项目。金融通过发挥金融资源配置的核心作用，发挥金融资本的杠杆作用，以产业帮扶为重点，以资金带动产业发展，完善贫困地区产业链，培育贫困地区有前景的企业，拉动贫困地区人口就业。通过促进产业发展这一实现脱贫的根本之策，带动扶贫脱贫，带动致富，实现短期快速脱贫和长效稳定脱贫的有机统一。

3.3.3 金融能力与相对贫困：个体行为效应

金融能力是指个人通过金融教育获得了金融知识和技能，且有机会参与金融市场，从而产生金融行为以提高自身金融福利的能力。金融能力相较于金融知识、金融素养而言具有更丰富的内涵。个体行为效应是指个体在获得金融服务时，个体经济行为所发生的改变，具体表现为人均生产率、人均消费水平、人均收入的提高。已有研究证实，在向普通个体家庭提供金融融资，能够帮助家庭的整体受教育时间延长，从而达到提高家庭整体人力资本水平的目的，人均生产力和家庭整体收入数额也因此提高。除此之外，个体家庭的投资理财因为组合得到优化，风险同时会降低，这样的财阀效应会放大家庭消费。以收入较低的贫困人口为例，当该类人群获得了银行账户并且经常使用时，该个人的收入水平和投资消费水平也会显著提高。金融能力水平的提高促进了家庭的储蓄行为，且使消费者更好地把握投资机会、增加风险资产投资从而提高投资收益，有助于低收入家庭跃迁至高收入阶层。金融能力的提升有效改善了“投资无门”的主观困境，使得贫困户具有充分的金融知识而加入金融市场，在一定程度上实现了平等的参与权。另外，金融能力的提高在一定程度上增加了投资收益和财产性收入，在另一角度实现了充分了收入权。

本章小结

本章基于马克思主义贫困理论及其在中国的实践，对反贫困理论进行一般性分析，从自然地理环境、社会文化条件、制度安排构建等方面分析贫困的产生原因及其治理内核，制度保障是贫困治理的根本前提，大力发展生产力是贫困治理的关键环节，最终实现共同富裕是贫困治理的根本目标。基于此，提出金融反贫困的必要性，并从金融发展、金融供给、金融能力三个层次论证金融反贫困的环境优化效应、产业扶持效应、个体行为效应三个方面的作用机理，为后续内容的研究展开奠定了理论基础。

第4章　中国相对贫困的特征事实与识别测度

本章基于改革开放以来金融支持中国贫困治理的历程和成就，提出中国相对贫困的测度方法，结合宏观层面和微观层面对中国相对贫困状况进行识别测度。具体而言，本章将从夜间灯光指数法、低保人数恒等法、中位收入比例法与绝对贫困乘数法四种方法入手，对中国相对贫困进行测度，分别从宏观层面与微观层面探索能更全面、客观地反映经济社会问题的相对贫困测度，为未来政府制定相对贫困衡量标准提供有效参考，同时为后文金融支持解决相对贫困的检验奠定基础。

4.1　改革开放以来金融支持中国贫困治理的特征事实

4.1.1　改革开放以来金融支持中国贫困治理的演进历程

改革开放以来，中国的贫困人口主要分布在农村地区，随着国家在政策上对于扶贫以及农村金融改革的重视，有关金融扶贫和普惠金融的政策方针也逐渐推广开来。中国金融助力农村减贫的过程主要有以下几个发展阶段：

1. 农村金融市场的重建以及政府救济农村金融市场：1978～1992年

尽管改革开放以来经济的飞速发展使得大部分农村人口的生活水平显著提

高，但仍有一部分群体受到了自然、历史、文化和社会条件的制约陷入贫困。为了配合改革开放对于经济体制改革的要求，农村金融体系开始逐渐恢复。首先是具有各异功能的金融机构如中国农业银行在农村重新设立，而农村信用合作社也由原来的集政治、信用社合一的机构重新变为单一的信用合作社；邮政储蓄银行也开始起步。民间借贷机构如当铺、私人钱庄等也在金融需求的提高下开始发展。

在这一时期，金融助力贫困主要是在国家政策的支持下进行。1980年中国成立“支援经济不发达地区发展资金”，同时发放了救济金5亿元；两年后，总规模达到20亿元的“三西”农业建设专项资金成立；1984年国务院对于尽快帮助贫困地区脱贫的文件明确了国家对于贫困地区的大规模救济，其措施主要包括贫困地区的居民可向商业机构赊一些必要的生活用品如棉布棉花、不可或缺的衣物等。中国农业银行于1986年开始发放扶贫贴息贷款，主要扶持农村地区种植业、劳动密集型产业与农产品加工以及农村地区基础设施项目建设。其他农村金融机构的增设、助农贷款的发放、政府扶贫资金“救济式”的发放同样体现了金融扶贫的政策性。这一阶段，金融支持贫困治理颇有成效，贫困人口大幅度下降。

2. 新时期农村金融格局的形成：1993～2002年

20世纪80年代进行了大规模扶贫后，贫困地区和贫困人口的范围大规模缩小，贫困人群集中在地域偏远、生态失衡、交通不便等生态极端恶劣的地区。在这一发展的新时期，由于原本驻扎农村的商业性金融机构大幅度撤离农村，仅有的邮政储蓄也只是揽存而并不发放贷款，农村地区的金融需求远远大于金融供给。尽管原本农村金融市场的多层次体系已经渐渐形成，在金融需求与金融供给之间存在巨大鸿沟的情况下，政策性金融措施难以延续。由此，农村信用社成了满足农村金融服务需求的主力军。

这一阶段，中国大力学习、借鉴了国外的扶贫经验来解决农村地区金融贷款难题——1993年引进孟加拉国关于小额信贷的方式并成功试点。偏远地区成为第一批试点的对象，这一试点于1993年开始进行，1996年正式结束，试点在国际组织的协调和支持下得以顺利进行。1998年中国正式颁布文件明确开展中小额信贷业务的农村扶贫方针。同时，为了小额信贷业务进一步渗透，中国人民银行在1999年与2001年分别出台了相关文件，主要内容为农村信用合作社对小额信贷的进一步支持，帮助小额信贷在全国各地进行推广。在这一阶段，虽然许多贫困人口成功申请贷款获得了支持，但小额信贷自身利率较低、还款率低的特点导致小额信贷并未实现全面覆盖的目标。

3. 金融支持脱贫体系的重新架构：2003～2006年

2003年后，农村金融的核心转变为体系机制上的改革与创新。首先是2004年中央一号文件的颁布，表明政府将突破农村金融体系现有的架构，改变了原本只有农村信用合作社和中国农业银行作为金融机构存在于农村金融系统的局限。在中央一号文件的指导下，进行改革的不只农村信用合作社，还有包括邮政储蓄、农业银行及农村发展银行在内的其他金融机构，允许其在自己的业务范围内做出调整，例如存款利率、股份化等，这一改革是为了更加适应农村金融体系从而实现农村金融支持脱贫体系框架的重新建构。2006年，银监会对新时代新型金融机构进入农村地区的门槛放宽并进行鼓励，此外，也支持并呼吁其他资本如境外和国内民间资本组建相关银行与金融机构，增添新时期农村金融体系中新型金融机构的数量。因此，这一阶段小额信贷快速发展，以发展为核心、以市场化机制为主体、以提升贫困人群可行能力为重点的富有时代特色的创新性扶贫理念逐年形成。

4. 农村地区金融机构服务水平的提高及发展：2007～2012年

在2007年以前，政府在鼓励新型金融机构在农村发展的同时，也鼓励政策性银行为农村金融市场做出相应的调整。2007年后，政府提出了关于农村金融的改革要求：农村金融改革要以需求为导向，改革的过程要循序渐进，特别是注重金融服务水平的提高与金融组织的创新。因此，欠发达地区的农村资金互助社得到了快速发展。2007年，银监会印发了《农村资金互助社管理暂行规定》，增加了274个试点村开展农村资金互助管理，分布于全国27个扶贫省份范围内。

2007年3月，首家合法正规营业的农村资金互助社在吉林省梨树县建立，其前身是“百信资金互助社”。在之后的几年，资金互助社发展的范围逐渐扩大，发展速度迅猛，从之前仅仅只是试点到遍布全国。然而互助社的蓬勃发展也带来了非法集资问题的爆发。鉴于此，2012年银监会暂时停止了对于资金互助社的审批，互助社的发展就此告一段落。

5. 金融扶贫及普惠金融的全面发展：2013年至今

党的十八大以来，党和政府将扶贫工作提高至一个新高度，“消除贫困、改善民生、实现共同富裕，是社会主义的本质要求。”步入新时期，金融扶贫的重要性进一步被重视。首先是中国扶贫工作进入脱贫攻坚阶段，金融扶贫是其中不可或缺的重要部分；其次是“普惠金融”这一概念的引进以及正式提出。从中共十八届三中全会上第一次被提出，到中央一号文件中对普惠金融发展的渐进式指向，体现了党和政府对“普惠金融”这一概念的重视，同时明确了国家将为贫困地区人民提供更高质量金融服务的决心。2014年，为了贯彻习近平总书记对于扶贫工作的指示，中国人民银行与相关部门联合发布了《关于全面做好扶贫开发金融服务工作的指导意见》，文件中着重提到了健全金融体系、创新金融产品等关于如何开展扶贫开发金融服务的措施。而后，中国人民银行联合其他部门印发了《关于金融助推脱贫攻坚的实施意见》，提出了金融助推脱贫攻坚的政策措施。2014年、2015年《关于金融助推脱贫攻坚的指导意见》与《关于金融助推脱贫攻坚的实施意见》的发布，对于在新时期如何开展金融扶贫的工作有了更为明确的安排和部署，在助力金融机构联合其他如财政扶贫等部门的合作的基础上，明确了金融该如何助力精准脱贫，如何深入开展，这对于中国的扶贫工作具有十分重要的战略意义。

全面脱贫后，习近平总书记在党的二十大报告中指出：“全面建设社会主义现代化国家，最艰巨最繁重的任务仍然在农村。”2023年中央一号文件聚焦“守底线、促振兴、强保障”三个方面，对全面推进乡村振兴重点工作作出部署。金融是现代经济的核心，是国民经济的血脉，是全面推进乡村振兴的重要保障和有力支撑。2021年，中国人民银行等六部门联合发布了《关于金融支持巩固拓展

脱贫攻坚成果 全面推进乡村振兴的意见》，分层次、有梯度地调整优化金融帮扶政策，确保对脱贫地区和脱贫人口的金融支持力度总体稳定，切实巩固好脱贫攻坚成果。接续推进脱贫地区乡村振兴，支持脱贫地区通过发展产业、改善农业农村基础设施等，夯实发展基础，稳步提升发展水平。

通过以上对中国金融扶贫的五个阶段进行梳理可以发现，随着扶贫开发的逐步深入推进，扶贫目标和扶贫效果逐渐提升，这一过程也是中国农村金融体系逐步改革和演变的过程。整个过程经历了政府救济补助金的贴息贷款、小额信贷的推广，再到各种金融机构的发展如村镇银行和小额贷款公司、资金互助组织的建立，最后到《关于金融支持巩固拓展脱贫攻坚成果 全面推进乡村振兴的意见》的颁布。整个金融体系经历了从提供较为单一的金融服务，到更为多元化且具有系统性的金融减贫体系的建立，同样也是金融减贫概念的不断丰富、精准、意义深化的过程。但如何使得这一机制更好地运作并服务于扶贫体系，怎样让金融减贫更为精准、农村金融体系更加完善，以及当前的金融产品服务如何创新及更好地升级是未来需要关注的问题。

4.1.2 贫困地区农村金融机构供给与支持

改革开放后，中国对于农村地区扶贫政策的逐步推进是在农村金融逐步改革的过程后才开始进行的。但仅仅由国家注入救济式的财政资金和来自社会组织的公益金投入对于贫困地区的减贫远远不够。其他政策性金融、合作金融，特别是民间金融的合作扶持不可或缺。只有将金融的发展与地区的扶贫开发有效结合起来，才能更好地满足偏远地区和贫困人群对于金融服务和信贷的需求，也能更好地帮助贫困地区减贫。

1. 贫困地区的金融服务供给主体

纵览中国农村地区贫困的特征可以发现，贫困地区的社会结构具有多样化的特点。不仅包括了依靠传统农产品种植获取收入的农户，生活缺少收入来源仅仅依靠政府补助救济才能生活的特困户，还有前往城市谋生的打工者，一些经营小型农特产产业化的农户和企业家。多元的社会阶层对于金融服务和信贷资金的需求在数额、期限时长、使用途径上也存在着多元化。针对这样的现状，需要构建多元化的农村金融机构来满足不同人群的需求。不仅需要政策性金融、商业性金融，也需要民间金融的存在，构成相互融合且相互竞争的局面。其中，政策性金融是政府非营利组织金融补贴的代表，其作用是保证农村欠发达地区的农产品收购，相关基础设施的建设，推动当地优势特色产业发展，其次是要帮助难以维持生计的贫困人群的生活需要。商业性金融的目的则是保持农村地区的商业同样可持续，相比于其他金融组织的信贷提供，商业性金融的信贷对于风险控制更为严格，其对抵押品的要求也更高。商业性金融更加侧重于帮助有创业意愿同时具有一定经济实力的农村小型企业家，保证其经营的可持续发展和规模的适当扩张。合作性金融则是代表了农村的资金互助和农村信用社，而后者是中国农村金融的中坚力量，不管是在市场还是地位上都占有绝对的优势，因此应继续保持发挥农村信用社的作用，为贫困地区大部分的农户和中小企业提供金融支持。相比农村信用合作社，资金互助社更能称之为一个新兴的力量，它具有贷款灵活，利率较低的特点，依靠在贫困地区的亲缘地缘，建立起一批贫困村资金互助社。民间借贷虽然是非正规金融，但对于农村地区传统社会来说却是不可或缺的，其具有高度的灵活性且信息相对对称，更能满足农户们对于数额不大的短期信贷资金需求。贫困地区因其自身的弱势如偏僻的地理环境、脆弱的自然生态等导致人口数量与经济和发达地区存在差异。因此，在贫困地区，金融机构运行的成本要更为复杂，制约了服务水平的提升。贫困地区金融机构在结构上以农村信用合作社和邮储银行为主，导致金融市场竞争不充分，服务水平难以提高，而以民间借贷为首的非正规金融服务对于贫困地区的农民来说更为便利易得，需求更多。

2. 贫困地区扶贫贴息贷款发放

在经济欠发达地区，如何正确利用金融工具支持该地区的经济发展是个难题，扶贫贴息贷款则是一次伟大的尝试。1986 年第一次扶贫贴息贷款是由中国农业银行承担发放，主要支持农产品种植和加工业，同时还扶持劳动密集型产业和农村当地基础设施建设。根据《中国农村贫困监测报告 2011》《中国农村贫困监测报告 2015》和《中国农村贫困监测报告 2018》公布的数据，2002～2017 年政府对于贫困县扶贫资金的发放和投入有两个趋势：第一，该类贷款的整体发放数额呈现下降的趋势，扶贫贴息贷款占国家投入扶贫资金的总额从近 41%下降到 16.6%，但数额的绝对值却相对有大幅度上升，从 102.5 亿元增长到 733.8 亿元；第二，财政扶贫资金投入有所强化，中央财政的扶贫资金比例从 14%增长到了 18.8%。而省级财政对于扶贫资金的投入则由 4%上升到了 7.28%。与该类贷款密切相关的是宏观政策的变化，由于管理权限的层层下放，此类贷款的"到户"以及贴息资金则是由县级行政单位负责，而不仅仅只有农业银行负责贷款的发放。即便如此，现有的扶贫贴息贷款机制的完善措施仍有一些局限，无法解决贷款回收率低与目标偏移问题。同时，贷款直接到户的目标也难以实现，比例较低，难以对贷款有需要的贫困农户进行支持，这是目前的体制机制仍有待解决的问题。

3. 欠发达地区正规金融规模结构

中国的贫困人口中，有约 51%的农村贫困人口聚集于西部，相当于中部和东部贫困人口数量之和①。根据现有的针对西部地区金融机构分布的数据统计，西部地区金融机构的分布规模和结构有以下几个特点：第一，金融机构难以深入覆盖少数民族地区，在少数民族较多的省（市、自治区），如西藏、青海、宁夏，金融机构的绝对数量相对于西部的四川、陕西等省份较少。而金融机构较多的四川省，2018 年其银行类金融机构网点数是西藏的 20.46 倍②；第三，在西部地区，商业银行和邮储银行等大型机构较多，而少有新型金融机构及政策性金融机构的存在。作为商业性金融机构，商业银行与农村信用合作社一般以盈利为主要目的，并非着眼于服务贫困人群，满足其金融需求。究其原因，最为主要的是地理因素从而导致成本过高。金融机构的设立需要有较为良好的自然环境以及交通基础设施，地理条件恶劣的地区如青海、西藏、内蒙古等，经济发展相对落后，

① 数据来源《中国农村贫困监测报告 2015》。

② 数据来源于中国银行保险监督管理委员会官方网站。

对金融机构的建设有所不利。而西部其他省（市、自治区）如重庆、四川、陕西等金融机构数量相对较多。

4. 新型农村金融机构供给分析

新型农村金融组织的成立如村镇银行、贷款公司和农村资金互助社丰富了农村金融市场的组织结构，此类创新的农村金融组织相对于大中型的商业银行有着更为灵活便利的特点。经过多年的发展，新型农村金融机构呈现迅速增长的特点，尤其是村镇银行，从 2007 年第一家村镇银行——四川仪陇惠民村镇银行挂牌成立，到 2017 年末，村镇银行机构组建数量已达 1601 家①，其中中西部地区机构占比 65%，已覆盖全国 31 个省份的 1247 个县（市、旗），县域覆盖率达 68%。相比之下，贷款公司和资金互助社的数量却基本保持不变，这是由于假借资金互助社名义骗取存款或集资诈骗现象频出，导致银监会对资金互助社的监管力度变大，宣布暂停对于资金互助社资格的审批。

4.2　中国相对贫困的识别测度

2018 年，世界银行提出新的极端贫困线、中等偏低贫困线和中等偏高贫困线，分别为每人每天生活费低于 1.9 美元、3.2 美元和 5.5 美元（World Bank, 2018），由此可发现，中国的绝对贫困标准大致相当于世界银行的极端贫困线。换言之，中国在 2020 年仅能实现极端贫困人口的脱贫，若以中等偏低贫困线或是中等偏高贫困线为标准，中国仍将存在大量贫困人口。在 2020 年后，城市中的“新”贫困人群、脱离绝对贫困后易返贫人群、其他处于收入增长尾部人群是相对贫困解决的主要对象（孙久文和夏添，2019）。2020 年后减贫工作存在三个“转向”：一是减贫目标转向高质量贫困标准体系的建立；二是减贫方向转向城乡减贫联动推进；三是减贫动力转向内生发展与外部帮扶并进。在当前的城乡二元格局下，尽管城镇化质量明显改善，但城乡区域发展和收入分配差距较大，不能

① 数据来源于中国政府网：http：//www.gov.cn/shuju/2018－07/03/content_5303061.htm。

简单地将城镇与农村相对贫困线混为一谈。本书认为，对于相对贫困的衡量方式，应以两阶段衡量为主要方向，在 2035 年城镇化率未超过 70%之前，采取分城乡的动态调整相对贫困线；到 2035 年之后，城镇化率已超过 70%的情况下，逐渐改变为实行城乡统筹的动态调整相对贫困线。基于此，本书针对宏观层面与微观层面提出夜间灯光指数法、低保人数恒等法、绝对贫困乘数法与中位收入比例法四种识别测度相对贫困的具体方法。

4.2.1 中国相对贫困识别测度的方法选择

1. 夜间灯光指数法

由于长期以来中国农村贫困统计数据的匮乏和不同地区统计口径的差异性，贫困的识别与度量始终是存在争议的难题。基于这样的历史背景，国内外学者开始借助夜间灯光数据展开对贫困的度量。夜间灯光数据来源于 20 世纪 70 年代美国军事气象卫星（Defense Meteorological Satellite Program，DMSP）搭载的线性扫描系统（Operational Linescan System，OLS），其设计初衷在于探测云层分布，在这一过程中意外地发现 DMSP-OLS 对于地表城市光源的观测，从此对于夜间灯光数据的研究登上了历史舞台。夜间灯光数据不仅与地区贫困状况高度相关（Noor et al.，2008），且运用夜间灯光数据所估计的国家贫困状况与世界银行的估算结果基本一致（Elvidge et al.，2009）。沈丹等（2018）利用夜间灯光数据对六盘山连片特困区进行研究，发现利用校准后的夜间灯光数据能够更加准确、合理地判断六盘山连片特困区的贫困程度。因此，夜间灯光数据可以很好地反映国家或地区的经济与社会发展情况，尤其是对于统计质量不高或者统计数据不完整的发展中国家或地区而言，夜间灯光数据是不受物价水平影响、能较好衡量地区相对贫困状况的高质量数据。常用的夜间灯光数据主要来源于两个卫星，除了美国军事气象卫星 DMSP 以外，另一个是 2011 年发射的新一代国家极轨卫星（National Polar-orbiting Partnership，NPP）。灯光数据的使用最为常见的是 DMSP-OLS 稳定灯光数据（徐康宁等，2015），同时也是当前包含自 1992～2013 年最长时间序列的夜光遥感数据。该数据在剔除了短暂亮光之后最终包含了城市、城镇和其他相对稳定的灯光，灯光灰度值（DN 值）取值范围为 0～63，一个地区的灯光亮度等于所在区域中所有栅格灯光亮度的加总。由此看出，DMSP-OLS 灯光数据存在天花板问题，如一个国家或地区其灯光亮度超过上限值 63，则无法继续增加。此后，美国新一代国家极轨卫星（National Polar-orbiting Partnership，NPP）搭载的可见光近红外成像辐射（Visible Infrared Imaging Radiometer Suite，VIIRS）获得的灯光数据不断丰富，这一数据相对于 DMSP-OLS 数据分辨率更高，且解决了较发达地区中心像元的“饱和效应”问题，NPP-VIIRS 数据可获得的年份为 2012～2018 年。因此，本书将分别运用中国各省（市、自治区）DMSP-OLS 和 NPP-VIIRS 夜间灯光数据对 2013 年以前和 2013 年以后的相对贫困进行度量，在后文的实证检验中则主要运用 NPP-VIIRS 夜间灯光数据所得的相对贫困程度。

2. 低保人数恒等法

目前，中国对于农村贫困家庭的识别方式主要有“建档立卡”和农村低保两种方式，两者在政策实施和精准识别方面均有明显差异。“建档立卡”主要由国家扶贫部门或者地区扶贫办确定贫困人口规模后，将“建档立卡”指标下划至县或村；农村低保是一项保障农民基本生存权、为低收入群体提供基本生活保障的救济制度，是由地方政府制定相关政策，由民政部负责执行并识别低保户。农村低保扶持的主要是无法依靠产业帮扶从而脱贫的家庭，为其提供政策兜底性保障。长期以来，农村低保线与农村贫困线存在重合和差别，如何将农村低保线与农村贫困线衔接，形成有机统一的相对贫困线，构建共享的信息平台，是相对贫困识别的重要任务。与国家统一的贫困线标准不同，农村地区低保标准由地区政府根据当地基本生活必需品费用、自身财力状况和经济发展水平分别制定，并随着当地居民生活必需品价格的变化以及生活水平的提高而动态调整。因此，农村低保线具有明显的“相对性”和“动态性”，能作为相对贫困衡量的有效参考。同样地，作为地方政府为城镇居民提供的最低生活保障，城镇低保的主要设定依据是基本食物消费，低保所保障的居民具有较为明显的贫困特征。

改革开放以来，中国贫困线标准在不断调整，2000 年贫困线标准为农村居民人均收入 625 元，2011 年提高至 2300 元。目前对于省级层面的贫困衡量主要是农村贫困发生率，其计算方式为农村贫困人口与农村总人口之比。这一衡量指标将聚焦点放在农村贫困群体，而忽视了城镇贫困问题，因此，如何制定统一协调的农村和城镇贫困标准是未来解决相对贫困的基本前提。社会资源的重新分配是解决相对贫困问题的最好体现，本书运用低保人数恒等法作为宏观层面衡量相对贫困的第二种方法，选取由民政部公布的各省农村低保人数和城市低保人数与各省农村、城市总人口数的比值作为贫困率的衡量指标。由于城镇低保与农村低保均具有一定的绝对贫困特性，鉴于数据的可获得性，本书仍然选取各省城镇低保人数与农村低保人数分别占城镇总人口和农村总人口比重的绝对标准。而在 2020 年之后，在数据充分可得的基础上，相对贫困标准应是基于低保人数恒等法所计算出来的贫困率的 2～3 倍，即相对贫困标准下的农村与城镇贫困人口要大于农村低保人口与城镇低保人口。

3. 绝对贫困乘数法

绝对贫困乘数法的具体内容为根据绝对贫困标准折合测算相对贫困标准，并运用马丁法确定上下浮动区间。绝对贫困乘数法的优点有以下两点：一是易测算、易实施。在 2020 年后根据绝对贫困标准和经济社会发展水平制定相对贫困乘数，并确定浮动区间，每 5 年上调一次，这一测算方法简单易操作；二是与绝对贫困标准有效衔接。在 2020 年绝对贫困将完全消除的现实背景下，对于消除绝对贫困的研究将转移到解决相对贫困。面对这一历史背景，运用绝对贫困乘数法可以有效衔接绝对贫困与相对贫困的内核，在贫困户的识别与扶贫政策的修订上能保持前后的一致性。但是，绝对贫困乘数法并未将个体差异性考虑在内，且绝对贫困的衡量方式主要是针对农村居民，采用绝对贫困的乘数来确定相对贫困线缺乏对城市贫困的考虑。因此，这一方法适用于在绝对贫困向相对贫困转变过程中且尚未实现城乡一体化的情形，未来城乡一体化基本实现后，简单的绝对贫困乘数法将不再适用。在“十四五”期间，应将收入位于后 15％的居民纳入帮扶范围，只有将低收入群体的收入增长高于其他群体，才能有效解决贫困固化问题，真正缩小收入差距、缓解相对贫困问题。基于此，本书利用全国权威调研微观数据库，结合当年国家统计局公布的低收入组与中等偏低收入组的人均可支配收入数据，计算得出低收入组与中等偏低收入组人均可支配收入的平均值，将该值与当年的绝对贫困线的比值作为当年的乘数因子，并将 2015～2020 年乘数因子的平均值作为"十四五"期间相对贫困衡量的乘数因子参考。

4. 中位收入比例法

在精准扶贫实施以来，国家扶贫战略转变为以"两不愁三保障"为目标、"五个一批"为途径、"六个精准"为导向的基本战略。绝对贫困消除之后，旨在解决不平衡不充分问题的相对贫困的衡量方式将与绝对贫困有所区别。借鉴国际经验并结合中国国情，采用居民收入中位数的一定比例作为相对贫困线具有一定的合理性和必要性，且这一比例应随着社会经济发展进行逐步提高。由于中国城乡一体化尚在推进，尽管取得了较好的成就，但城乡差距仍然较大，在当前城乡差距明显的情况下，若盲目使用城乡一致的相对贫困标准，将在极大程度上忽略城市贫困人群。因此，在城乡一体化基本实现之前，采用城乡异质性的相对贫困测量方法具有重要现实意义。未来城乡一体化基本实现后则确定城乡统筹的中位收入比例法作为相对贫困的衡量方式之一。当前，欧盟采用的相对贫困标准为中位收入的 60%，OECD 国家采用的则为 50%的中位收入标准，中国的相对贫困线一方面要借鉴发达国家的治理经验，另一方面更要综合考虑中国国情。因此，根据叶兴庆和殷浩栋（2019）所提出的相对贫困衡量方式，"十四五"时期宜以居民收入中位数的 40%作为相对贫困线，并针对城镇居民与农村居民分别进行测算。具体而言，城镇相对贫困线采用城镇居民可支配收入中位数的 40%作为衡量标准，农村相对贫困线采用农村居民可支配收入中位数的 40%作为相对贫困线。以中位收入比例法为标准的相对贫困线以五年为调整周期，在五年内相对贫困线仅随着物价水平发生变化。具体而言，2021～2025 年设定相对贫困标准不变，分别以 2020 年城镇居民与农村居民可支配收入中位数的 40%进行衡量，并根据物价水平逐年调整。到了 2026 年，在对扶贫效果进行评价以及贫困状况进行评估的基础上，以2025年的城镇居民与农村居民可支配收入的45%为标准，确定2026～2030年的城镇、农村相对贫困线，并在此期间内根据物价水平进行调整。2031～2035年则以城镇居民与农村居民可支配收入的50%为标准分别作为城镇贫困线和农村贫困线。到2035年以后，在城镇化达到70%以上时，逐渐将分城乡制定的相对贫困标准转变为城乡统筹的相对贫困标准，并将相对贫困线稳定在居民可支配收入中位数的55%～60%，逐渐与发达国家的相对贫困线接轨。

4.2.2 中国相对贫困识别测度的数据来源

本部分的研究旨在分别从宏观层面和微观层面对中国相对贫困状况进行识别测度，以期更全面、客观地反映中国相对贫困的现状。因此，将从宏观与微观两个方面介绍本章所涉及数据的来源。

1. 宏观数据来源

对于宏观层面而言，本部分利用夜间灯光指数法和低保人数恒等法对中国相对贫困进行衡量测度。夜间灯光指数法主要利用夜间灯光数据作为地区相对贫困的衡量方式，全球夜间灯光数据是由美国国防气象卫星计划（Defense Meteorological Satellite Program，DMSP）的一系列气象卫星和美国新一代国家极轨卫星（National Polar-orbiting Partnership，NPP）观测所得到，这些卫星所利用的传感器主要用于观测夜间月光照射下的云层，可以对城市夜间灯光以及车流发散的低强度灯光进行探测。所以全球夜间灯光数据能作为人类活动检测研究的良好数据基础。对于中国1992～2013年的相对贫困测度，本书使用美国国家海洋和大气管理局（NOAA）公布的1992～2013年灯光数据的相关信息[①]，这些不同年份的数据分别由F10、F12、F14、F15、F16、F18六颗卫星观测得到。借鉴徐康宁等（2015）的做法，本书选择NOAA公布的稳定灯光数据作为研究基础数

① DMSP-OLS夜间灯光数据的获取地址：https：//ngdc. noaa. gov/eog/dmsp/downloadV4composites. html。

据，稳定灯光数据剔除了由火灾、爆炸等造成的短暂亮光，只留下相对稳定的灯光，并将由中国国家基础地理信息中心得到的栅格数据与灯光数据进行叠加，从而得到中国各省（市、自治区）的灯光数据①。对于 2012～2018 年的相对贫困测度，本书使用美国国家海洋和大气管理局下属国家地球物理中心（NOAA/NGDC）提供的新一代国家极轨卫星捕捉到的夜间灯光影像月度数据②，并将 12 期影像按平均值合成整年的年度夜间灯光数据，在去除异常值之后，对数据进行稳定性、连续性和过饱和校正，由此获得稳定亮值像元和灰度均值（平均 DN 值）。对于相对贫困程度的衡量，在获得省级的平均 DN 值之后，本书对这一值取倒数以此衡量各省相对贫困程度。

低保人数恒等法主要运用城乡低保人数占城乡居民总人口的比重作为相对贫困的衡量方法，分别计算出城镇贫困率与农村贫困率，因此选取中国民政部公布的各省低保人数数据③，各省总人口数据来源国家统计局。由此可知，本书所使用的宏观层面数据具有较高的权威性和可信度。

2. 微观数据来源

对于微观层面而言，中位收入比例法和绝对贫困乘数法均采用微观数据库进行识别测度。本书微观数据来源于 2017 年中国家庭金融调查（CHFS），中国家庭金融调查自 2009 年开展工作，每两年进行一次中国家庭金融调查，现已经在 2011 年、2013 年、2015 年和 2017 年四次成功实施全国范围内的家庭随机抽样调查，CHFS2017 为最新公布的调研数据库。该样本覆盖了中国 29 个省（直辖市、自治区）、355 个县（区、市）以及 1428 村（居）委会，共获得 40011 个家庭有效样本及 127012 个个人有效样本，反映了各家庭的资产与

① 对于夜间灯光数据的校正，借鉴其他学者的做法，本书经过了三步校正：一是对于不同传感器性能差异、衰退及成像环境差异带来的异常波动进行校正，主要应用回归模型进行校正；二是对于两个传感器同一年度 DN 值的校正，通过将两个传感器获得的稳定两元像元值取平均值作为该位置的 DN 值；三是多传感器多年度影像数据 DN 值校正。具体步骤见附录。

② NPP-VIIRS 夜间灯光数据获取地址：https：//www. ngdc. noaa. gov/eog/。

③ 由于民政部公布的各省低保人数为季度数据，因此本书采用四个季度算数平均值对数据进行处理。

负债、收入与支出以及家庭人口特征等方面的动态变化，为研究和决策提供权威可信的数据基础。

4.2.3 中国相对贫困的测度结果与分析

本书分别运用夜间灯光指数法、低保人数恒等法、绝对收入乘数法与中位收入比例法，从宏观层面与微观层面对中国不同省（市、自治区）、地级市（宏观层面）或家庭、个体（微观层面）的相对贫困程度进行测度，比较分析其测算结果，判断其合理性与可推广性，为后文的实证检验提供数据基础。

1. 基于夜间灯光指数法的相对贫困程度

（1）运用 DMSP-OLS 夜间灯光数据的相对贫困测度：1992～2013 年

本书首先利用美国国家海洋和大气管理局（NOAA）DMSP-OLS 影像数据中的稳定灯光数据，结合中国省级行政区划矢量图的地理信息，得到衡量地区平均灯光强度的像元灰度值（DN 值），由此计算出 1992～2013 年各省（市、自治区）的基于 DMSP-OLS 夜间灯光指数法的相对贫困率。

表 4-1 汇报了 1992～2013 年基于 DMSP-OLS 夜间灯光指数法的相对贫困率描述性统计。从测算结果可以得知，1992～2013 年中国相对贫困程度最高的省（市、自治区）是西藏自治区，相对贫困程度最低的是上海市。东部地区基于 DMSP-OLS 夜间灯光指数法的相对贫困程度较低，而西部地区始终处于较高程度。各省（市、自治区）之间相对贫困程度差距逐年缩小，全国基于 DMSP-OLS 夜间灯光指数法的相对贫困率逐年下降，足以体现中国经济社会的迅速发展以及扶贫开发的显著成效。

表 4-1　1992～2013 年基于 DMSP-OLS 夜间灯光指数法的相对贫困率描述性统计

年份	1992	1993	1994	1995	1996	1997	1998	1999	2000	2001	2002
平均值	12.80	12.69	10.85	8.21	7.04	6.82	5.77	5.33	4.43	4.07	3.63
标准差	55.11	56.64	47.60	35.05	28.66	26.96	22.41	19.54	16.27	15.15	13.42
最小值	0.07	0.07	0.06	0.05	0.06	0.05	0.05	0.05	0.05	0.05	0.04
最大值	307.59	316.41	265.89	195.67	159.71	149.89	124.18	107.63	89.96	84.27	74.54
年份	2003	2004	2005	2006	2007	2008	2009	2010	2011	2012	2013
平均值	3.66	2.87	2.86	2.70	2.38	2.20	2.29	1.32	1.51	1.36	1.30
标准差	12.94	9.92	9.77	9.46	8.26	7.82	8.08	4.67	5.34	4.71	4.54
最小值	0.04	0.04	0.04	0.03	0.03	0.03	0.04	0.03	0.03	0.03	0.03
最大值	71.61	54.71	53.92	52.30	45.65	43.33	44.91	25.92	29.63	26.14	25.20

以浙江省（东部地区）、江西省（中部地区）和甘肃省（西部地区）为例，图 4-1 描绘了以上三个省份 1992～2013 年基于 DMSP-OLS 夜间灯光指数法的相对贫困率变化情况。从图中可以看出，尽管三个省份的相对贫困程度逐年降低，但甘肃省的相对贫困程度远远高于江西省和浙江省，浙江省的相对贫困程度始终保持较低水平，这也与中国西部地区贫困程度较高、中部次之、东部最低的基本情况保持高度一致性。

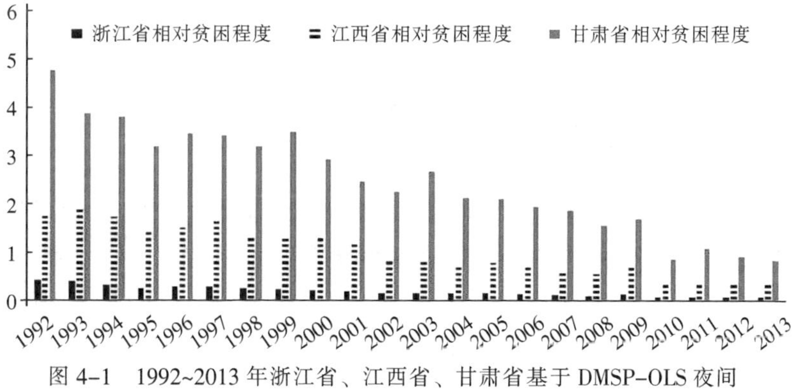

图 4-1　1992~2013 年浙江省、江西省、甘肃省基于 DMSP-OLS 夜间灯光指数法的相对贫困率

为了检验基于 DMSP-OLS 夜间灯光指数法的相对贫困率的可信度和合理性，本书以各省不同年份的人均 GDP 为权数，将 31 省（市、自治区）1992～2013 年的相对贫困率进行加权平均，得到 1992～2013 年的全国基于 DMSP-OLS 夜间灯光指数法的相对贫困率，将其与全国贫困发生率进行对照分析，从而佐证夜间灯光指数法的合理性与可靠性。由于中国贫困标准线经历了三次调整，分别为 1978、2008 和 2010 年贫困线，1978 年标准下的贫困线时间跨度为 10 年，2008 年和 2010 年标准下的贫困线时间跨度均为 7 年。鉴于在不同的贫困标准线下其贫困率不具有可比性，因此本书选择年份跨度最大的 1978 年贫困标准线作为对照，将以各省人均 GDP 为权数的基于 DMSP-OLS 夜间灯光指数法的全国加权贫困率与 1978 年贫困线进行对比，如图 4-2 所示。由图可知，经过人均 GDP 加权平均之后的基于 DMSP-OLS 夜间灯光指数法的相对贫困率与 1978 年的贫困线能较好地吻合，其变化趋势基本保持一致，足以说明基于 DMSP-OLS 夜间灯光指数法的相对贫困测算标准合理有效。

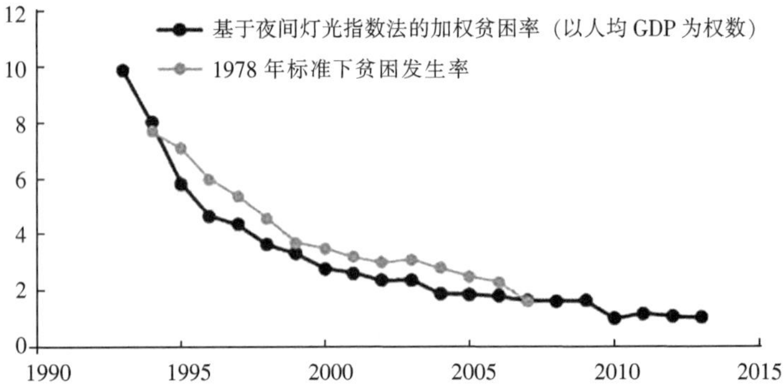

图 4-2 基于 DMSP-OLS 夜间灯光指数法的全国加权贫困率与 1978 年标准下贫困发生率对比

（2）运用 NPP-VIIRS 夜间灯光数据的相对贫困测度：2012～2018 年

由于 DMSP-OLS 和 NPP-VIIRS 夜间灯光数据的不可比性，本书运用这两种数据分别对 1992～2013 年和 2012～2018 年的相对贫困程度进行测度，并将由 NPP-VIIRS 所测度的 2012～2018 年相对贫困程度运用于后文的实证检验中。

在对 NPP-VIIRS 夜间灯光数据进行校正处理之后，本书得到了 2012～2018

年全国 31 省（市、自治区）（不包括香港特别行政区、澳门特别行政区、台湾省）基于 NPP-VIIRS 夜间灯光指数法的相对贫困程度。表 4-2 汇报了 2012～2018 年基于 NPP-VIIRS 夜间灯光指数法的相对贫困率整体情况，可以看出，整体相对贫困率逐年下降，与中国实际贫困发生率的变化趋势保持一致。通过对测算结果的具体分析可知，2012～2018 年基于 NPP-VIIRS 夜间灯光指数法的相对贫困率最低和最高的省（市、自治区）始终为上海市和西藏自治区，且东部地区的相对贫困程度远低于中部、西部和东北部地区。

表 4-2　2012～2018 年基于 NPP-VIIRS 夜间灯光指数法的相对贫困率描述性统计

年份	2012	2013	2014	2015	2016	2017	2018
平均值	17.11	14.76	12.95	10.16	8.59	7.21	6.22
标准差	49.31	43.34	38.27	30.17	25.31	20.45	17.55
最小值	0.09	0.08	0.08	0.07	0.07	0.06	0.06
最大值	268.14	236.07	209.75	165.15	138.42	111.43	95.84

此外，若将全球灯光数据的数据层级下划至市级层面来看，本书得到 2018 年全国 354 个地级市（自治州、地区）的夜间灯光数据，由于 NOAA 所公布的地级市灯光数据为月度数据，因此本书对月度数据进行平均得到全年平均灯光数据，同样取 DN 均值的倒数作为相对贫困的衡量方式，得到 354 个地级市（自治州、地区）基于 NPP-VIIRS 夜间灯光指数法的相对贫困率，如图 4-3 所示。从图中可以得知，2018 年基于 NPP-VIIRS 夜间灯光指数法的相对贫困率最低的地级市（自治州、地区）是广东省深圳市，最高的是宁夏回族自治区吴忠市，其基于 NPP-VIIRS 夜间灯光指数法的相对贫困率分别为 0.05、9.45。相对贫困程度较低的地级市（自治州、地区）大多数分布在广东省、福建省及江苏省等东部沿海地区，而相对贫困程度较高的地区主要分布在新疆维吾尔自治区、青海省、陕西省、宁夏回族自治区、吉林省、黑龙江省等西部或者东北部省份，且省会城市的相对贫困程度通常处于较低水平。这一结果与上文基于省级夜间灯光数据得到的东中西部相对贫困程度的分布结论保持一致。

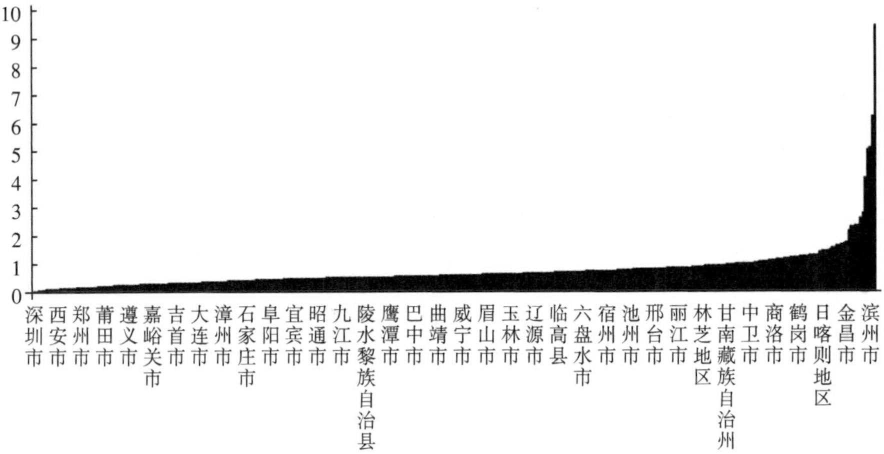

图 4-3　2018 年地级市（自治州、地区）基于 NPP-VIIRS 夜间灯光指数法的相对贫困率

2. 基于低保人数恒等法的相对贫困测度

本部分运用各省低保人数占总人口的比重衡量省级相对贫困程度，并通过农村低保人数与农村人口之比、城镇低保人数与城镇人口之比分别测算各省的农村贫困率与城市贫困率。基于此，本部分搜集了 2007～2018 年民政部公布的各省农村低保人数和城镇低保人数，由于这一数据为季度数据，因此本部分在进行数据处理时对四个季度的数据进行平均，得到全年低保人数的平均值，并在国家统计局获得了各省（市、自治区）2007～2018 年总人口、农村人口与城镇人口数据，由此得到了 2007～2018 年基于低保人数恒等法的相对贫困率。表 4-3 汇报了 2007～2018 年基于低保人数恒等法的相对贫困率的描述性统计。从表中可以看出，2007～2018 年，基于低保人数恒等法的全国平均相对贫困率经历了一个先上升后下降的过程。出现这一现象的原因可能在于农村低保人口的先增加后减少。由于 2007 年农村低保正式全面铺开，2007～2011 年均存在逐渐调整的过程，对于农村低保人口的识别不断优化，因此呈现全国平均水平先上升后下降的趋势。而城镇低保已经历经较长时间的发展，其制度安排较为完善，2007～2018 年城镇低保占城镇总人口的比重逐年下降。图 4-4 汇报了 2007～2018 年基于低保人数恒等法的城乡平均贫困率，整体而言，农村贫困率远远高于城镇，且城镇

贫困率逐年下降，而农村地区仍有较大规模居民处于贫困标准线下。

表 4-3　2007～2018 年基于低保人数恒等法的相对贫困率的描述性统计

年份	2007	2008	2009	2010	2011	2012
平均值	0.0428	0.0541	0.0591	0.0628	0.0642	0.0629
标准差	0.0205	0.0264	0.0323	0.0369	0.0390	0.0396
最小值	0.0119	0.0123	0.0125	0.0112	0.0096	0.0086
最大值	0.0938	0.1092	0.1509	0.1592	0.1694	0.1666
年份	2013	2014	2015	2016	2017	2018
平均值	0.0629	0.0605	0.0556	0.0523	0.0482	0.0405
标准差	0.0405	0.0392	0.0371	0.0358	0.0337	0.0282
最小值	0.0078	0.0071	0.0062	0.0060	0.0057	0.0051
最大值	0.1667	0.1634	0.1599	0.1542	0.1463	0.1181

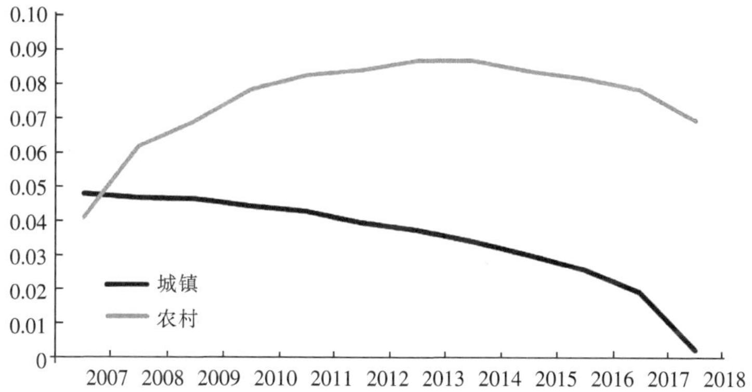

图 4–4　2007~2018 年基于低保人数恒等法的城乡平均贫困率

从省级层面来看，2018 年基于低保人数恒等法的相对贫困率呈现较大差异，如图 4-5 所示，北京市、上海市、天津市、福建省等东部发达地区相对贫困率降低，而新疆维吾尔自治区、甘肃省的相对贫困率远远高于其他地区，且相对贫困率较高的地区多分布在西部或东北部，这一结果与前文基于夜间灯光指数法的相对贫困率保持一致，东部地区相对贫困程度最低，中部次之，西部和东北部地区相对贫困程度最高。若分别对 2007～2017 年的基于低保人数恒等法的相对贫困率进行分析，同样可以发现，相对贫困程度较低的省（市、自治区）集中在东部沿海地区如福建省、浙江省以及北京市、上海市、天津市三大直辖市，而甘肃省、吉林省、宁夏回族自治区、新疆维吾尔自治区等西部或东北部地区相对贫困程度始终较高。

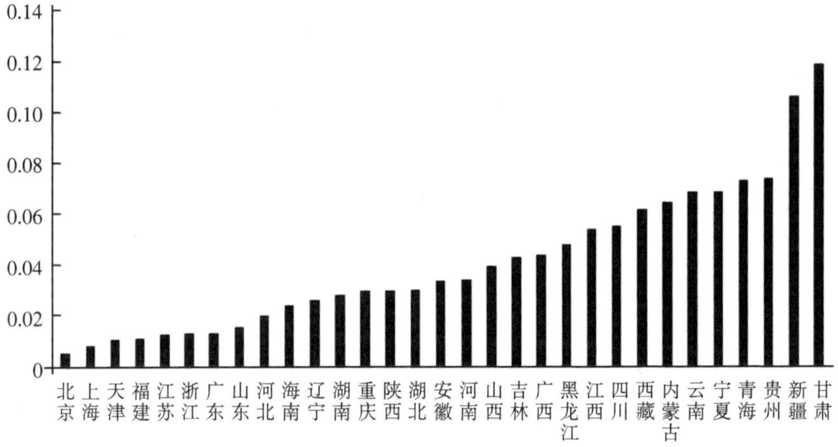

图 4-5　2018 年全国 31 省（市、自治区）基于低保人数恒等法的相对贫困率

分别从城镇相对贫困率和农村相对贫困率来看，图 4-6 汇报了 2018 年全国 31 省（市、自治区）的城镇相对贫困率与农村相对贫困率。整体而言，全国 31 省（市、自治区）的农村贫困率均远远高于城镇贫困率，且不同地区之间差异明显。2018 年农村相对贫困率最低的地区分别为上海市、北京市、福建省、天津市和浙江省，而农村相对贫困率最高的地区分别为甘肃省、新疆维吾尔自治区、

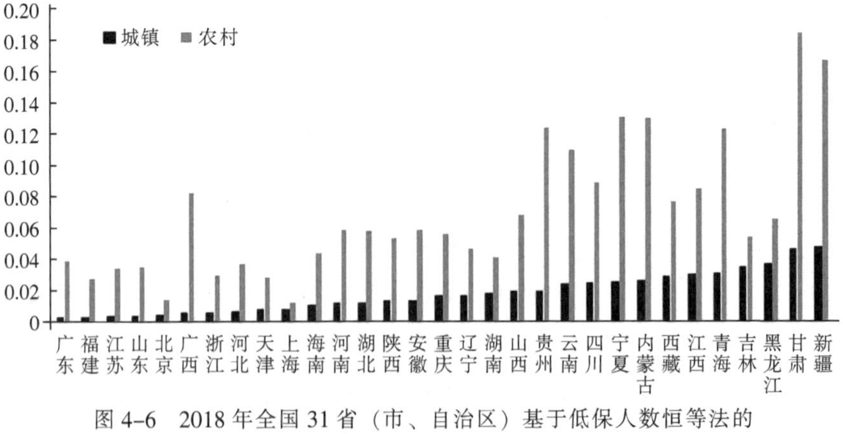

图 4-6　2018 年全国 31 省（市、自治区）基于低保人数恒等法的城镇与农村相对贫困率

宁夏回族自治区、内蒙古自治区和贵州省。平均而言，农村相对贫困率为城镇相对贫困率的 2～3 倍。这一结论也进一步佐证了中国各地区城乡发展的巨大差异，在城乡发展不平衡的条件下，若将城乡贫困问题笼统归纳不加以区分，将导致相对贫困的识别存在偏差，相对贫困人口大部分集中于农村地区，而忽略了城镇相对贫困问题。因此，在 2035 年城镇化率为超过 70%之前，采取分城乡的动态调整相对贫困线；到 2035 年之后，城镇化率已超过 70%的情况下，逐渐改变为实行城乡统筹的动态调整相对贫困线。

3. 基于绝对贫困乘数法的相对贫困衡量

基于绝对贫困乘数法的相对贫困衡量方法为基于国家统计局公布的低收入组与中等偏低收入组的平均可支配收入数据，计算得出低收入组与中等偏低收入组平均可支配收入的平均值，将该值与当年的绝对贫困线的比值作为当年的乘数因子，利用全国权威调研微观数据库，统计样本数据的相对贫困状况。本部分所使用的数据是 2017 年中国家庭金融调查（CHFS）数据库。CHFS 2017 是在 2017 年对全国家庭进行抽样入户调查得到，所调查的内容为上一年即 2016 年家庭收入、资产、人口等情况。根据国家统计局公布的数据，按全国居民五等份收入分组，2016 年低收入组人均可支配收入 5529 元，中等偏下收入组人均可支配收入 12899 元，中等收入组人均可支配收入 20924 元，中等偏上收入组人均可支配收入 31990 元，高收入组人均可支配收入 59259 元。由于低收入组和中等偏下收入组的收入差距远小于高收入组和中等偏上收入组，因此选取低收入组人均可支配收入和中等偏下收入组人均可支配收入的平均值即 9214 元作为相对贫困线，2016 年绝对贫困线为 3000 元，因此绝对贫困乘数法的 2016 年乘数因子设置为 3.07。

在对 CHFS 2017 进行数据处理后，本部分得到了 124512 个个体样本，其中城镇居民样本为 80708 个，农村居民样本为 43804 个。基于以上测算方法，可以统计得到 CHFS 2017 数据库中处于相对贫困状况的城乡居民。样本数据中收入低于 9214 的居民为 13684 人，其中城镇居民 5709 人，农村居民 7975 人。全样本基于绝对贫困乘数法的相对贫困率为 10.99%，其中城镇相对贫困率为

7.07%，农村相对贫困率为18.21%。

从东部、中部、西部、东北部地区的相对贫困程度来看，东部地区的基于绝对贫困乘数法的相对贫困程度远远低于中部、西部、东北部地区，其整体相对贫困率、城镇相对贫困率和农村相对贫困率分别为8.36%、5.50%和16.22%。从城市相对贫困程度来看，西部和东北部地区最为严峻，中部地区次之。而农村相对贫困程度在西部地区尤为明显，其基于绝对贫困乘数法的相对贫困率为24.85%。在样本数据的29个省（市、自治区）中，整体相对贫困程度最低的省（市、自治区）为上海市，最高的是贵州省，其基于绝对贫困乘数法的相对贫困率分别为1.98%、21.20%。不仅如此，城镇相对贫困程度和农村相对贫困程度最低的地区均为上海市，而最高的地区分别为河北和内蒙古，表4-4汇报了CHFS 2017样本数据29省（市、自治区）（除西藏、新疆）基于绝对贫困乘数法的相对贫困率。

表4-4　2017年全国29省（市、自治区）（除西藏、新疆）基于绝对贫困乘数法的相对贫困率

省份	城镇相对贫困率	农村相对贫困率	全省相对贫困率	省份	城镇相对贫困率	农村相对贫困率	全省相对贫困率
上海	0.0205	0	0.0197	河南	0.1040	0.1905	0.1471
北京	0.0220	0.0187	0.0217	湖南	0.0654	0.1957	0.1198
天津	0.0311	0.0213	0.0304	广东	0.0556	0.2108	0.0967
黑龙江	0.1138	0.0657	0.0993	江西	0.0454	0.2109	0.1227
吉林	0.1259	0.0722	0.1008	山东	0.0787	0.2198	0.1195
河北	0.1363	0.0938	0.1193	云南	0.0880	0.2433	0.1776
辽宁	0.0594	0.1014	0.0694	海南	0.0943	0.2453	0.1527
江苏	0.0511	0.1248	0.0686	青海	0.1271	0.2532	0.1817
福建	0.0631	0.1381	0.0966	重庆	0.0916	0.2560	0.1405
安徽	0.0772	0.1400	0.1122	四川	0.0892	0.2609	0.1585
山西	0.0984	0.1450	0.1214	甘肃	0.0484	0.2656	0.1507
湖北	0.0652	0.1517	0.0992	贵州	0.1286	0.2735	0.2120
浙江	0.0270	0.1671	0.0675	广西	0.0950	0.2862	0.1697
陕西	0.0913	0.1684	0.1147	内蒙古	0.0800	0.2886	0.1697
宁夏	0.0572	0.1718	0.1099				

4. 基于中位收入比例法的相对贫困测算

与上一部分所使用的数据一致，中位收入比例法即运用城镇居民与农村居民可支配收入中位数的 40%进行衡量，若居民年收入低于这一数值，则说明居民处于相对贫困状态，若高于这一数值，则说明该居民不处于相对贫困状态。结合国家统计局公布的 2016 年居民人均可支配收入中位数可知，城镇居民人均可支配收入中位数为 31554 元，农村居民人均可支配收入中位数为 11149 元。由此可得到 2016 年城镇和农村相对贫困线分别为 12621.6 元和 4459.6 元，即城镇居民年收入低于 12621.6 元时，该居民处于相对贫困状态，农村居民年收入低于 4459.6 元时，该农村居民处于相对贫困状态。

分别将 12621.6 元和 4459.6 元的城镇相对贫困线和农村相对贫困线匹配到 CHFS 2017 数据库之后发现，城镇居民年收入低于 12621.6 元的人数为 6671 人，农村居民年收入低于 4459.6 元的人数为 4606 人，即基于中位收入比例法的样本相对贫困率为 9.06%，基于中位收入比例法的城镇、农村相对贫困率分别为 8.27%、10.51%。由这一测算结果可知，农村相对贫困率远远高于城镇，但城镇相对贫困率仍然不容忽视，也进一步说明了依据城乡不同标准划分相对贫困线的必要性。进一步地，对不同地区的相对贫困率进行统计可以发现，东部地区相对贫困率最低，东北部地区次之，而西部地区相对贫困率最高。东部、中部、西部、东北部地区基于中位收入比例法的相对贫困率分别为 7.15%、9.62%、12.02%、8.71%。若分别计算城镇相对贫困率与农村相对贫困率同样可以得到以上结论①。表 4-5 汇报了 CHFS 2017 样本数据 29 省（市、自治区）（除西藏、新疆）基于中位收入比例法的相对贫困率，从全省相对贫困程度来看，相对贫困率最低的省（市、自治区）是北京市，相对贫困率最高的是贵州省，分别为 2.17%和 16.54%。对城镇与农村分别测算相对贫困率来看，城镇相对贫困率最

① 东部地区基于中位收入比例法的城镇、农村相对贫困率分别为 9.13%、21%；中部地区基于中位收入比例法的城镇、农村相对贫困率分别为 12.64%、29.6%；西部地区基于中位收入比例法的城镇、农村相对贫困率分别为 13.37%、35.49%；东北部地区基于中位收入比例法的城镇、农村相对贫困率分别为 10.88%、21.06%。

低和最高的省（市、自治区）仍然是北京市和贵州省。农村地区相对贫困程度的测算结果则有所不同，农村相对贫困率最低的地区为上海市，而相对贫困率最高的地区仍然是贵州省，其基于中位收入比例法的农村相对贫困率高达16.55%。

表4-5　2017年全国29省（市、自治区）（除西藏、新疆）基于中位收入比例法的相对贫困率

省份	城镇相对贫困率	农村相对贫困率	全省相对贫困率	省份	城镇相对贫困率	农村相对贫困率	全省相对贫困率
北京	0.0220	0.0187	0.0217	山东	0.0968	0.1085	0.1002
上海	0.0285	0	0.0274	陕西	0.1051	0.0910	0.1008
天津	0.0311	0.0213	0.0305	吉林	0.1260	0.0722	0.1008
浙江	0.0370	0.0947	0.0537	重庆	0.1123	0.1089	0.1113
江苏	0.0611	0.0620	0.0613	河南	0.1306	0.1029	0.1166
辽宁	0.0601	0.1016	0.0700	海南	0.1224	0.1119	0.1183
江西	0.0494	0.1012	0.0736	河北	0.1363	0.0939	0.1193
安徽	0.0867	0.0651	0.0747	云南	0.1117	0.1263	0.1201
广东	0.0629	0.1108	0.0756	山西	0.0984	0.1450	0.1214
福建	0.0782	0.0794	0.0787	四川	0.1158	0.1323	0.1224
湖北	0.0832	0.0784	0.0813	广西	0.1082	0.1635	0.1298
宁夏	0.0770	0.1098	0.0921	内蒙古	0.1181	0.1565	0.1346
甘肃	0.0674	0.1280	0.0959	青海	0.1585	0.1225	0.1429
湖南	0.0835	0.1163	0.0972	贵州	0.1652	0.1655	0.1654
黑龙江	0.1138	0.0657	0.0993				

本章小结

本章基于改革开放以来金融支持中国贫困治理的特征事实，对金融支持中国贫困治理的演进历程及贫困地区农村金融机构供给与支持进行描述，由此展开中国相对贫困的精准识别。本章分别从宏观层面和微观层面运用夜间灯光指数法和低保人数恒等法、绝对贫困乘数法和中位收入比例法对相对贫困程度进行衡量。从宏观层面来看，基于DMSP-OLS的夜间灯光指数法和基于NPP-VIIRS的夜间灯光指数法均能较好地对全国各省（市、自治区）的相对贫困程度进行衡量，无论是基于 DMSP-OLS 的夜间灯光指数法还是基于 NPP-VIIRS 的夜间灯光指数法，均能得到一致的结论，相对贫困程度最低的省（市、自治区）是上海市，最高的是西藏自治区。基于低保人数恒等法的相对贫困衡量区分了城镇相对贫困与农村相对贫困，从其测度结果可以发现，城镇相对贫困问题仍然严峻，不容忽视。从微观层面来看，基于绝对贫困乘数法的相对贫困率与基于中位收入比例法的相对贫困率对中国 29 省（市、自治区）（除西藏自治区、新疆维吾尔自治区）的相对贫困率进行衡量，都得到了东部地区的相对贫困程度远远低于中部、西部和东北部地区，且在当前城乡差距较大的背景下将城镇与农村分别讨论的基于中位收入比例法的衡量方式更为科学严谨，本章提出 2020 年后的相对贫困的衡量方式应以两阶段衡量为主要方向。本部分所测度的相对贫困率将作为后续第 5、6、7 章实证分析中的主要变量展开研究。

第 5 章　金融发展巩固脱贫攻坚成果的环境优化效应研究

本章旨在检验第三章理论基础所提出的金融发展解决中国相对贫困的环境优化效应，通过构建计量模型实证检验金融发展解决中国相对贫困的直接作用，并检验其环境优化效应。此外，本章进一步构建普惠金融指数检验普惠金融战略解决中国相对贫困的直接影响和空间溢出效应，并探索其作用机制。

5.1　金融发展对相对贫困影响的研究设计

5.1.1　数据来源

本章构建了中国 31 个省（市、自治区）2012～2018 年的面板数据集，数据来源于 2012～2018 年《中国统计年鉴》、各省统计年鉴及国家统计局、各省统计局以及民政部等政府部门官方网站。上述数据均由国家统计局及地方统计局编著，统计口径一致，数据具有较高的权威性和可信度。对于贫困的衡量是基于第四章中国相对贫困的识别测度得出的结果，这一数据来源于美国国防气象卫星计划（Defense Meteorological Satellite Program，DMSP）的一系列气象卫星和美国新一代国家极轨卫星（National Polar-orbiting Partnership，NPP）观测所得到全球夜间灯光数据。

5.1.2 模型构建

根据前文理论框架的构建和研究假设的提出，本章的研究重点在于检验金融支持解决中国相对贫困的环境优化效应。具体而言，本章运用广义矩估计（Generalized Method of Moments，GMM）从金融发展规模分别对基于夜间灯光指数法的相对贫困率和基于低保人数恒等法的相对贫困率的影响效应进行检验，并引入了其他可能对相对贫困产生影响的因素作为控制变量。GMM 方法可以有效解决扰动项存在异方差或者自相关问题。由于相对贫困具有一定的历史延续性，即过去的相对贫困状况会对下一期产生影响。鉴于此，本章加入了因变量的滞后项。且为了消除异方差的影响，本章对部分变量如金融发展水平进行对数处理。因此，构建如下动态模型：

$$RP_{i,t}=\alpha_0 RP_{i,t-1}+\alpha_1 FD_{i,t}+\beta_1 EG_{i,t}+\gamma X_{i,t}+\lambda_t+u_i+\varepsilon_{i,t} \tag{5-1}$$

在式（5-1）中，$RP_{i,t}$为地区 i 在时间 t 的相对贫困，$RP_{i,t-1}$为相对贫困的滞后项；$FD_{i,t}$为金融发展；$EG_{i,t}$为金融发展影响相对贫困的途径，即环境优化效应；$X_{i,t}$表示一系列控制变量；λ 是未观测的特定时间固定效应，与地区无关；u 是未观测的特定地区固定效应，与时间无关；ε 为随机扰动项；α，β，γ 为待估参数。

5.1.3 变量选取与平稳性检验

1. 变量选取

本部分研究的重点在于检验金融发展解决中国相对贫困的影响效应，并从改善信贷环境的途径探索其影响机制。本章的因变量相对贫困为第四章运用夜间灯光指数法和低保人数恒等法构建的相对贫困程度，自变量为各省金融发展程度。借鉴崔艳娟、孙刚（2012）的做法，本章运用金融发展规模来衡量金融发展程度。由于中国金融的金融结构具有明显的银行导向性，且资本市场规模数据不健全，因此从银行角度衡量金融发展程度具有一定的说服力。具体而言，金融发展规模采用存贷款总额与 GDP 之比来衡量。对于环境优化效应的衡量，本书主要对信贷环境进行讨论，现有文献对于信贷环境变量的选取主要为两种思路，一种是基于借款者的角度，衡量借款者的信贷约束，比如借款者所拥有的抵押品等方面；另一种是基于贷款者的角度，通常选择银行资本充足率、中小银行在整个银行体系的市场占比等进行衡量。由于本书所选用的数据为省级面板数据，鉴于省级数据的可得性，本部分借鉴梁青青（2020）对于信贷约束的衡量方式，采用贷款总额与企业数量之比作为信贷环境的代理变量。

在控制变量中，影响相对贫困的因素还包括公共支出、产业结构、城镇化水平、消费水平及对外开放程度等方面，因此本章将以上变量作为控制变量的选取依据。公共支出政策是政府致力于贫困减缓的重要政策工具，如何有效配置资源从而迅速减少贫困以实现发展成果由人民共享是建设社会主义和谐社会的基本要求（王娟等，2012），本章选取各省地方公共财政支出占 GDP 的比重度量各省公共支出的效率。产业结构对解决贫困问题有显著影响（单德朋，2012），因此选取各省农业总产值占 GDP 的比重作为控制变量。除此之外，城镇化是工业化进程中的必然结果，主要表现为农业人口向非农人口的转变，城镇化通过推动区域经济增长从而达到减贫的效果，因此本章选取各省城镇人口与总人口的比重作为城镇化水平的衡量指标。服务和商品的消费是人类福利的基本决定因素，消费在个体间的分布影响着包括贫困在内的许多重要问题，鉴于此，本章将各省人均消费额度作为衡量指标，并在回归模型中采取对数处理。最后，随着中国开放程度的不断提高，对外开放程度是一省经济发展水平的重要体现，所以选取各省出口额与 GDP 的比重来表示各省对外开放程度。各变量含义与描述性统计如表 5-1 所示。

表 5-1　变量选取与描述性统计

分类	变量名称	符号	变量定义	样本量	均值	标准差
自变量	金融发展	FD	存贷款总额与 GDP 之比	217	3.26	1.21
	信贷环境	EG	贷款总额与企业数量之比	217	4.33	3.09
因变量	相对贫困	RP_1	基于夜间灯光指数法的相对贫困率	217	11.01	33.65
		RP_2	基于低保人数恒等法的相对贫困率	217	0.05	0.03
控制变量	公共支出	PUB	地方公共财政支出占 GDP 的比重	217	0.28	0.21
	产业结构	STR	农业总产值占 GDP 的比重	217	0.09	0.05

续表

分类	变量名称	符号	变量定义	样本量	均值	标准差
控制变量	城镇化水平	*URB*	城镇人口占总人口的比重	217	0.56	0.13
	消费水平	*COST*	人均消费额（元）的对数	217	9.62	0.35
	对外开放程度	*EXP*	出口额占 GDP 的比重	217	0.13	0.14

2. 数据平稳性检验

数据的平稳性检验是面板数据进行计量分析的必要条件，只有满足平稳性要求时，传统的计量分析方法才有效。最常见的数据平稳性检验方法是单位根检验，若存在单位根则可能导致自回归系数的估计值有偏、传统的 t 检验失效或者两个相互独立的单位根出现伪回归等问题。本部分采用 LLC 检验法对数据是否存在单位根进行检验，该方法允许不同截距和时间趋势、异方差和高阶序列相关，且适合于中等维度的面板单位根检验（Levin et al.，2002），其原假设为每个个体时间序列均含单位根。因此，本部分运用 Stata13.0 统计软件对各项指标进行 LLC 检验，结果如表 5-2 所示。

表 5-2 面板数据单位根 LLC 检验结果

变量	原序列	变量	原序列
PR	-18.5820*** (0.0000)	URB	-6.2167*** (0.0000)
PUC	-11.0788*** (0.0000)	COST	-8.4010*** (0.0000)
PUB	-6.3846*** (0.0000)	EXP	-12.5042*** (0.0000)
STR	-4.8264*** (0.0000)		

注：括号内为 *P* 值

由表 5-2 可知，各变量 LLC 法检验结果偏差校正 t^* 统计量均为负数，*P* 值均为 0.0000，故强烈拒绝面板数据包含单位根的原假设，因此认为面板数据是平稳的。

5.2 金融发展影响相对贫困的实证检验

本部分首先对金融发展影响相对贫困的基准回归结果进行汇报，将系统GMM（SYS-GMM）估计值与固定效应估计（FE）和混合OLS（Pooled OLS）估计值进行比较，从而确定使用SYS-GMM估计的有效性；其次将金融发展对相对贫困的影响从城乡角度进行异质性分析；最后从环境优化效应检验金融发展影响相对贫困的作用机制。

5.2.1 金融发展影响相对贫困的基准回归结果

本部分运用Pooled OLS估计、固定效应模型和SYS-GMM估计检验金融支持解决中国相对贫困的环境优化效应，表5-3、表5-4汇报了金融发展对基于夜间灯光指数法的相对贫困率以及基于低保人数恒等法的相对贫困的回归估计结果①。

在表5-3中，列（1）、（2）、（3）分别为核心变量的Pooled OLS估计、固定效应模型和SYS-GMM估计结果，因变量为基于夜间灯光指数法的相对贫困率，自变量包括基于夜间灯光指数法的相对贫困滞后项、金融发展规模和信贷环境。从回归结果来看，Pooled OLS估计、固定效应模型和SYS-GMM估计结果基本一致。一般而言，运用两种方法对SYS-GMM模型的适用性进行检验，一是Hansen检验，通过Hansen过度识别约束检验对所使用的工具变量的有效性进行检验，此检验的原假设为所使用的工具变量与误差项是不相关的，若Hansen检验结果不拒绝原假设，则说明使用SYS-GMM估计是合理的；二是序列相关检验，原假设是第二阶系列无相关的误差，若不拒绝，则说明模型使用可行。此外，Bond et al.（2002）提出，若SYS-GMM估计值介于固定效应估计值和Pooled OLS估计值之间，则SYS-GMM估计是可靠有效的。通过对比表5-3中

① 注：在表5-3和表5-4中，RP（−1）为相对贫困变量的滞后项；括号内为各统计量的标准差；***、**、*分别表示在1%、5%、10%显著水平下显著；AR（2）、Sargan Test汇报的是P值。

列（1）、（2）、（3）基于夜间灯光指数法的相对贫困率滞后项可以发现，其估计值介于 Pooled OLS 估计值和固定效应估计值之间，说明 SYS-GMM 估计是有效的。此外，表 5-3 中汇报的 Hansen 检验结果和 AR（2）检验结果也进一步证明了该估计方法的适用性。

从 SYS-GMM 估计结果来看，基于夜间灯光指数法的相对贫困率滞后项在 1%的显著性水平下通过假设检验，呈现高度显著的特征，说明相对贫困具有持续性，前一期的相对贫困状况能够明显影响到后期的相对贫困状况。金融发展规模和信贷环境均在 1%水平下显著，且系数符号为负，可知金融发展和信贷环境均为解决相对贫困的有效因素。除了统计上的显著性，通过定量分析也可以发现金融发展影响相对贫困的程度较大。由表 5-3 列（3）的回归系数可知，金融发展规模对解决相对贫困的贡献率约为 6%，若将金融发展对相对贫困的累积效应考虑在内，这一贡献率将会显著提升①。由于基于夜间灯光指数法的相对贫困率滞后项系数为 0.7712，金融发展的回归系数为 0.0639，因此金融发展对相对贫困的累积系数为 0.2792，这意味着金融发展解释了相对贫困变化的近 28%。

同样地，表 5-4 汇报了金融发展对基于低保人数恒等法的相对贫困率的影响。与表 5-3 结构一致，表 5-4 中列（1）、（2）、（3）分别为核心变量的 Pooled OLS 估计、固定效应模型和 SYS-GMM 估计结果。通过对比三者之间的基于低保人数恒等法的相对贫困率滞后项系数可以发现，SYS-GMM 回归系数介于 Pooled OLS 和 FE 估计系数之间，说明模型使用的合理性，也可以由 Hansen 检验和 AR（2）检验结果进行佐证。由 SYS-GMM 估计结果可知，基于低保人数恒等法的相对贫困率回归结果与基于夜间灯光指数法的相对贫困率回归结果基本保持一致。基于低保人数恒等法的相对贫困率滞后项、金融发展和信贷环境分别在 1%、1%和 5%的显著性水平下通过假设检验，均能有效解决相对贫困。

① 叶志强等（2011）提出，由于回归方程右边的相对贫困滞后项随着时间不断增加，相对贫困将会增加得更快，由此可计算其累积系数，计算公式为：累积系数＝自变量系数/（1－因变量滞后项系数）。

5.2.2 金融发展影响相对贫困的稳健性检验与异质性分析

1. 稳健性检验

为了对金融发展影响相对贫困的稳健性进行检验，本章将可能影响到相对贫困的其他控制变量加入 SYS-GMM 模型中。如表 5-3、表 5-4 所示。在表 5-3 中，列（4）～(8）依次加入公共支出、产业结构、城镇化水平、消费水平和对外开放程度来检验金融发展对基于夜间灯光指数法的相对贫困率影响的稳健性。从回归结果可以看出，依次加入以上控制变量均没有改变金融发展与相对贫困之间显著的负向相关关系。表 5-3 中列（9）汇报了同时将控制变量加入模型中进行整体估计，基于夜间灯光指数法的相对贫困率滞后项、金融发展和信贷环境均在 1％的水平下显著，金融发展和信贷环境能有效解决相对贫困。从控制变量来看，公共支出、城镇化水平和对外开放程度均在 1％的显著性水平下负向影响基于夜间灯光指数法的相对贫困率，即地方公共财政支出占 GDP 的比重越大，当地相对贫困程度越低；城镇化水平越高的省（市、自治区），相对贫困程度越低；且对外开放程度的提高可以有效改善相对贫困程度。产业结构在 10％的显著性水平下通过假设性检验，且系数符号为负，说明农业产业比重的提高在一定程度上可以缓解相对贫困程度。这是由于在过去的时间里，相对贫困人群更多集中于农村地区，大力发展农业产业、实现农业现代化可以有效提高农民收入，从而缓解相对贫困。而消费水平在 1％的显著性水平下正向影响相对贫困，说明消费水平越高，相对贫困程度越明显。

对基于低保人数恒等法的相对贫困率的稳健性检验，本部分采用同样的做法，依次将公共支出、产业结构、城镇化水平、消费水平和对外开放程度加入回归，并将以上控制变量同时加入进行整体估计，其结果如表 5-4 所示。由表 5-4 中列（4）～(9）可知，控制变量的加入并未改变金融发展显著解决相对贫困的估计结果。由此可见，通过 SYS-GMM 估计金融发展解决相对贫困的结果是稳健的。

表 5-3　金融发展与基于夜间灯光指数法的相对贫困率

	Pooled OLS	FE	SYS-GMM						
	(1)	(2)	(3)	(4)	(5)	(6)	(7)	(8)	(9)
RP(−1)	0.8542*** (0.0035)	0.7121*** (0.0368)	0.7712*** (0.0409)	0.5891*** (0.0442)	0.6631*** (0.0419)	0.5381*** (0.0456)	0.6511*** (0.0391)	0.5001*** (0.0445)	0.5033*** (0.0490)
FD	−0.2221* (0.1141)	−0.1091*** (0.0196)	−0.0639*** (0.0142)	−0.1581*** (0.0248)	−0.0708*** (0.0153)	−0.0475*** (0.0139)	−0.1802*** (0.0233)	−0.2082*** (0.0227)	−0.1532*** (0.0262)
EG	−0.0798 (0.0621)	−0.3233*** (0.0625)	−0.4981*** (0.0739)	−0.5151*** (0.0723)	−0.4552*** (0.0812)	−0.4202*** (0.0713)	−0.6622*** (0.0748)	−0.6822*** (0.0738)	−0.7583*** (0.0864)
PUB				0.8462*** (0.1834)					−1.1423*** (0.3394)
STR					1.0421 (0.7501)				−1.2701* (0.7081)
URB						−2.6201*** (0.5112)			−2.7632*** (0.582)
COST							0.3742*** (0.0612)		0.4131*** (0.122)
EXP								−1.0754*** (0.135)	−0.8561*** (0.1834)
Constant	−0.3381 (1.0890)	1.0282*** (0.1711)	5.250*** (0.774)	5.5644*** (0.7612)	4.763*** (0.8601)	6.060*** (0.7351)	3.6394*** (0.7852)	7.8342*** (0.8043)	6.3971*** (1.0961)
Province	31	31	31	31	31	31	31	31	31
R^2	0.998	0.962							
AR(2)			0.359	0.221	0.238	0.205	0.294	0.202	0.210
Hansen Test			0.711	0.803	0.821	0.842	0.859	0.730	0.833

表 5-4　金融发展与基于低保人数恒等法的相对贫困率

	Pooled OLS	FE	SYS-GMM						
	(1)	(2)	(3)	(4)	(5)	(6)	(7)	(8)	(9)
RP(−1)	0.9402*** (0.0152)	0.8101*** (0.0642)	0.9052*** (0.0467)	0.5492*** (0.0541)	0.5731*** (0.0528)	0.5792*** (0.0526)	0.4664*** (0.0531)	0.6212*** (0.0566)	0.4461*** (0.0612)
FD	−0.0093*** (0.0034)	−0.0053*** (0.0015)	−0.0089*** (0.0012)	−0.0071*** (0.0016)	−0.0065*** (0.0011)	−0.0067*** (0.0012)	−0.0740*** (0.0083)	−0.0038*** (0.0014)	−0.0696*** (0.0088)
EG	−0.0011* (0.0006)	−0.0184*** (0.0045)	−0.0014** (0.0006)	−0.0325*** (0.0046)	−0.0383*** (0.0047)	−0.0323*** (0.0056)	−0.0067** (0.0027)	−0.0308*** (0.0045)	−0.0242*** (0.0054)
PUB				0.0017 (0.0068)					−0.0535*** (0.0177)
STR					−0.1221*** (0.0407)				−0.0886* (0.0463)
URB						0.0075 (0.0168)			−0.0312 (0.0446)
COST							−0.0141*** (0.0048)		0.0005 (0.0118)
EXP								0.0318*** (0.0098)	−0.0225 (0.0152)
Constant	0.0177** (0.0075)	0.0548*** (0.0104)	0.0448*** (0.0069)	0.0980*** (0.0095)	0.1162*** (0.0112)	0.0910*** (0.0110)	0.2860*** (0.0403)	0.0766*** (0.0115)	0.3572*** (0.0786)
Province	31	31	31	31	31	31	31	31	31
R^2	0.972	0.919							
AR(2)			0.368	0.320	0.312	0.299	0.241	0.258	0.332
Hansen Test			0.832	0.792	0.755	0.810	0.859	0.844	0.892

2. 异质性分析

在当前的城乡二元格局下，尽管城镇化质量明显改善，但城乡区域发展和收入分配差距较大，城镇相对贫困与农村相对贫困问题同样重要。鉴于此，本部分进一步将基于低保人数恒等法的相对贫困率划分为农村相对贫困和城镇相对贫困，探索金融发展对城镇相对贫困和农村相对贫困的不同影响。基于低保人数恒等法的城镇相对贫困率是运用城镇低保人数占城镇总人口的比重来衡量，基于低保人数恒等法的农村相对贫困率是运用农村低保人数占农村总人口的比重衡量。表 5-5 汇报了运用 SYS-GMM 估计对金融发展与基于低保人数恒等法的相对贫困率的城乡异质性分析，列（1）为金融发展对基于低保人数恒等法的城镇贫困的影响，列（2）为金融发展对基于低保人数恒等法的农村贫困的影响。与前文对于 SYS-GMM 估计有效性的判断一致，从 AR（2）检验结果和 Hansen 检验结果可以得出使用 SYS-GMM 模型是合理的结论。从回归结果可知，金融发展均能有效缓解城镇相对贫困和农村相对贫困。进一步地，本部分在模型中加入金融发展的二次项以期检验金融发展与城镇相对贫困、农村相对贫困之间的非线性关系。从表 5-5 可以得知，对于城镇相对贫困，金融发展的一次项和二次项均在 1%的显著性水平下通过假设检验，且一次项的系数为负，二次项的系数为正，说明金融发展与城镇相对贫困之间呈现倒“U 型”的关系，即金融发展在刚开始的时候能显著解决相对贫困，但达到一定程度之后，开始加剧城镇相对贫困。对于农村相对贫困而言，金融发展与农村相对贫困的非线性关系不明显。从控制变量来看，其对于城镇相对贫困和农村相对贫困的影响效应不尽相同。信贷环境和公共支出均在 1%的水平下负向影响城镇相对贫困和农村相对贫困，这两者都能有效解决相对贫困；从产业结构来看，农业产业的比重越大，对农村相对贫困的缓解程度越高，而对城镇相对贫困的影响不显著；城镇化和对外开放程度均未通过显著性检验，但城镇化对于城镇相对贫困影响的系数符号为负，而对于农村相对贫困的系数符号为正；居民消费水平的增长能显著影响城镇相对贫困，却对农村相对贫困的缓解作用不明显。

表 5-5　金融发展与基于低保人数恒等法的相对贫困率的城乡异质性分析

变量	SYS-GMM	
	(1)	(2)
RP (−1)	0.9143*** (0.0447)	0.4782*** (0.0647)
FD	−0.0288*** (0.0108)	−0.0466*** (0.0063)
FD^2	0.0019*** (0.0004)	0.0301 (0.0435)
EG	−0.0087*** (0.0033)	−0.0452*** (0.0069)
PUB	−0.0368*** (0.0093)	−0.0977*** (0.0313)
STR	−0.0005 (0.0228)	−0.0768*** (0.0258)
URB	−0.0326 (0.0202)	0.0238 (0.0764)
COST	−0.0139*** (0.0044)	0.0019 (0.0202)
EXP	−0.0045 (0.0061)	−0.0750 (0.0916)
Constant	0.3302*** (0.0800)	0.5521*** (0.1231)
Province	31	31
AR (2)	0.184	0.153
SarganTest	0.632	0.609

注：RP (−1) 为相对贫困变量的滞后项；括号内为各统计量的标准差；***、**、*分别表示在 1%、5%、10%显著水平下显著；AR (2)、Sargan Test 汇报的是 P 值。

5.2.3　金融发展影响相对贫困的环境优化效应检验

在对金融发展影响相对贫困的效应进行检验之后，本部分将进一步探索金融发展影响相对贫困的作用机制，即金融发展影响相对贫困的环境优化效应，金融发展究竟能否通过改善信贷环境从而解决相对贫困。基于前文的影响效应检验，本部分以信贷环境为因变量，将金融发展作为自变量，公共支出、产业结构、城镇化水平、消费水平和对外开放程度作为控制变量纳入模型中，运用 SYS-GMM 进行回归估计，从而结合表 5-3、表 5-4 的回归结果对金融发展、信贷环境以及相对贫困三者之间的关系进行探讨。表 5-6 汇报了运用 SYS-GMM 估计信贷环境与金融发展的回归结果。从回归结果可以看出，金融发展与信贷环境呈现显著正相关，这一结论在不断加入控制变量后仍然成立，足以说明结果的稳健性。从控制变量来看，政府公共支出、城镇化水平均在 1%显著性水平下通过检验，且正向影响信贷环境；而产业结构在 1%的显著性水平下负向影响信贷环境，说明农业产业占 GDP 的比重越大，信贷约束水平越高；消费水平和对外开放程度对信贷环境的影响没有通过显著性检验，其系数符号为正。

结合表 5-3、表 5-4 的回归结果可知，金融发展和信贷环境的改善可以有效降低基于夜间灯光指数法的相对贫困率和基于低保人数恒等法的相对贫困率，而金融发展对信贷环境具有显著的正向促进作用，由此可得到金融发展通过改善信贷环境从而解决相对贫困的结论，三者之间的关系如图 5-1 所示。由此，金融支持解决相对贫困的环境优化效应得证。

表 5-6　信贷环境与金融发展的关系检验

变量	SYS-GMM					
	(1)	(2)	(3)	(4)	(5)	(6)
FD	0.138*** (0.0337)	0.398*** (0.0606)	0.225*** (0.0659)	0.284*** (0.0675)	0.234*** (0.0748)	0.221*** (0.0754)
PUB		0.610*** (0.124)	0.516*** (0.122)	0.744*** (0.141)	0.821*** (0.148)	0.800*** (0.149)
STR			−2.007*** (0.326)	−2.120*** (0.327)	−2.176*** (0.327)	−2.155*** (0.337)
URB				0.841*** (0.262)	1.095*** (0.307)	1.127*** (0.312)
COST					0.125 (0.0804)	0.124 (0.0819)
EXP						0.0747 (0.0950)

续表

变量	SYS-GMM					
	(1)	(2)	(3)	(4)	(5)	(6)
Constant	0.700*** (0.161)	1.507*** (0.216)	1.875*** (0.219)	1.494*** (0.253)	1.100*** (0.361)	0.932** (0.386)
Province	31	31	31	31	31	31
AR (2)	0.182	0.191	0.186	0.213	0.201	0.239
SarganTest	0.622	0.691	0.658	0.713	0.692	0.645

注：括号内为各统计量的标准差；***、**、*分别表示在1%、5%、10%显著水平下显著；AR (2)、Sargan Test 汇报的是 P 值。

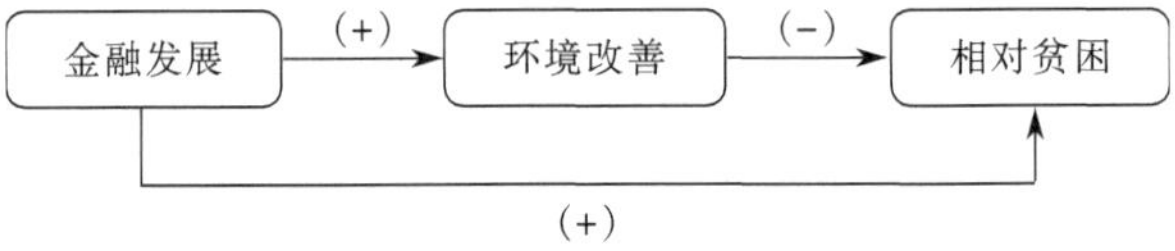

图 5-1　金融发展作用于相对贫困的途径

5.3　进一步讨论：普惠金融发展与相对贫困

本部分基于新经济地理学的理论基础，研究普惠金融战略与相对贫困的作用，运用因子分析法从普惠金融渗透性、普惠金融效用性和普惠金融可持续性三个维度构建普惠金融评价指标体系从而测量中国 31 个省（市、自治区）普惠金融发展水平。利用省份之间的邻接性构建空间权重矩阵，采用空间 Durbin 模型考察普惠金融发展水平对解决相对贫困的直接影响与空间溢出效应。

5.3.1　普惠金融评价指标体系的构建

借鉴现有学者对普惠金融评价指标体系构建的研究成果，本部分结合普惠金融的理论内涵与现实意义，从普惠金融渗透性、普惠金融效用性、普惠金融可持续性三个维度来衡量普惠金融发展水平，同时，为避免传统方法对评价指标权重的主观臆断和个人偏好影响，本部分运用主成分因子分析法对中国 31 个省（市、自治区）2012～2018年普惠金融发展水平进行测定，利用降维的思想找出公因子，以各公因子的方差贡献率在累计方差贡献率的占比为权重，由此计算综合因子得分，从而得出各省各年份普惠金融指数。本部分普惠金融评价指标体系中各变量所使用的数据均来源于相应年份的《中国金融年鉴》《中国统计年鉴》、各省统计年鉴及国家统计局、中国人民银行、中国银行业监督管理委员会、中国证券监督管理委员会以及中国保险监督管理委员会等部门官方网站。

1．普惠金融评价指标体系的内容

（1）普惠金融渗透性

该维度衡量了普惠金融发展的深度与广度，普惠金融的主要目标在于将金融服务覆盖到传统金融机构无法触及的低端客户甚至是贫困人群中，鉴于此，本部分选择每万平方千米银行机构网点数、每万人拥有的银行机构网点数、每万人拥有的银行机构从业人员数以及每万平方千米拥有的银行机构从业人员数四个变量来表示银行机构普惠金融的渗透性。

（2）普惠金融效用性

该维度体现银行作为支持普惠金融发展的主要金融主体对经济发展及城乡居民福祉的贡献程度，因此，本部分选取人均贷款余额、人均存款余额、各项贷款余额与当地生产总值之比、各项存款余额与当地生产总值之比四个变量反映普惠金融效用性。

（3）普惠金融可持续性

普惠金融发展的核心理念在于可持续性，在金融机构可持续发展的基础上践行金融服务的“普”与“惠”，因此本部分选取商业银行不良贷款率变量衡量普惠金融可持续性。各变量含义及其描述性统计详见表5-7。

表 5-7　普惠金融评价指标体系构建及其描述性统计

指标维度		具体变量	符号	均值	标准差
普惠金融发展水平	普惠金融渗透性（P）	每万平方千米银行机构网点数	P1	771.89	1205.35
		每万人拥有的银行机构网点数	P2	1.67	0.29
		每万人拥有的银行机构从业人员数	P3	29.22	9.33
		每万平方千米拥有的银行机构从业人员数	P4	16964.04	35974.09
	普惠金融效用性（U）	人均贷款余额	U1	7.84	5.78
		人均存款余额	U2	10.87	10.84
		各项贷款余额与当地生产总值之比	U3	1.39	0.46
		各项存款余额与当地生产总值之比	U4	1.87	0.81
	普惠金融可持续性（S）	商业银行不良贷款率	S1	1.52	0.83

2. 普惠金融指数的计算

本部分运用主成分因子分析法对中国 31 个省（市、自治区）2012～2018 年普惠金融发展水平进行测算。因子分析法由 Charles Spearman 于 1904 年提出，其核心思想在于降维，通过众多指标数据中的内在关联探索数据的基本结构，将原始多维变量指标进行重组从而找出公因子，利用公因子的方差贡献率在累计方差贡献率的比重作为权重乘以由软件计算出的相应因子得分后加总得到本省当年的普惠金融发展指数。由于文章篇幅所限，本章仅以 2012 年中国各省普惠金融指数测算具体过程为例。2013 年至 2018 年各省普惠金融指数由相同方法分别计算得出。具体过程如下。

（1）因子分析法检验

本部分选择常用检测方法 Bartlett 球形检验与 KMO 检验对数据是否适合因子分析法进行检验。Bartlett 球形检验基于各变量指标的相关系数矩阵，其原假设为各变量指标间的相关系数矩阵为单位阵，若在 5%的置信水平下不能拒绝原假设，则说明各变量指标间的相关系数较小，不适宜因子分析法。KMO 检验与 Bartlett 球形检验类似，通过对变量指标间的相关系数和偏相关系数比较，若各变量相关性小，则偏相关系数大于相关系数，KMO测度则越小，KMO检验值小于0.5则不适宜进行因子分析。运用Stata13.0统计软件，本部分得到2012年31个省（市、自治区）KMO检验结果为0.5537，Bartlett球形检验在1%置信水平下拒绝原假设，如表5-8所示。根据同样的方法可以得知2013年至2018年均通过相关检验，足以说明使用因子分析法的合理性与必要性。

表5-8　2012年各省数据Bartlett球形检验和KMO检验结果

检验方法	检验值	
KMO检验		0.5537
Bartlett球形检验	卡方检验	410.098
	自由度	36
	P值	0.000

（2）对数据进行同向化、标准化处理

考虑到不同性质数据对因子分析结果产生的逆向影响以及消除量纲对指标的影响，本部分首先对普惠金融评级指标体系中所需数据进行同向化及标准化处理。对于不同性质数据的问题，由于反应普惠金融可持续性维度的变量“商业银行不良贷款率”与普惠金融指数呈逆向关系，因此在衡量地区普惠金融发展程度时本部分对“商业银行不良贷款率”这一变量采取倒数处理。除此之外，为了消除量纲对指标的影响从而增强其可比性，本部分采用“Z-score标准化”对所需样本数据进行标准化处理。

（3）求解初始公因子及因子载荷矩阵

本部分依据特征值大于1的标准，运用主成分分析方法提取公因子，根据Stata13.0的计算结果，获得了特征值大于1的2个公因子，其累计贡献率为80.26%，同时得到因子载荷矩阵。为了深入了解每个公因子的意义，以便对实际问题做出科学分析，对因子载荷矩阵进行旋转，得到2个公因子各自方差贡献率在累计方差贡献率的比重作为权重，分别为57.15%和19.05%。

（4）计算因子得分

在因子模型建立后，运用回归的思想计算两个公因子的因子得分，将两个公因子乘以权重加和，从而得到2012年各省普惠金融指数。基于以上4个步骤，本部分分别对中国31个省（市、自治区）2012～2018年的数据进行普惠金融发展指数的测算。

5.3.2 普惠金融支持解决中国相对贫困的研究设计

1. 计量模型构建

由于中国普惠金融发展水平空间不平衡且贫困人口分布不均，普惠金融对相对贫困的影响效应会存在明显的地域差异，为了对前文普惠金融减贫效应的分析及理论假设佐以支撑，本部分分别构建面板数据基础模型和空间模型，从而用科学的实证分析加以验证。本部分设定如下计量模型：

$$RP_{it}=a_0+a_1PUC_{it}+a_2X_{it}+\mu_i+\lambda_t+\varepsilon_{it} \quad (5\text{-}2)$$

在（5-2）式中，RP_{it}表示t年省份i的贫困率；PUC_{it}是t年省份i的普惠金融发展指数；X_{it}代表模型中t年i省份的控制变量；a_0为截距项；a_1和a_2是待估参数；μ_i和λ_t分别是空间固定效应和时间固定效应；ε_{it}是随机扰动项。

就本部分研究重点而言，需要考察其他区域普惠金融发展对本地区相对贫困产生的影响，在空间估计过程中，除了被自变量包含空间滞后之外，自变量同样可能存在空间自相关问题或空间误差依赖性问题（Brueckner，1983），而空间Durbin模型的优点在于无论所考察的数据是空间滞后模型还是空间误差模型，包含空间滞后自变量、被自变量的空间Durbin模型在绝大多数情况下都能得到系数的无偏估计。因此，本部分构建空间Durbin模型从而考察普惠金融减贫的空间溢出效应。具体形式如下：

$$Y=\lambda WY+X\beta+WX\delta+\varepsilon \quad (5\text{-}3)$$

（5-3）式中，Y为被自变量；X为自变量集合；β为自变量估计系数；λWY为被自变量的空间滞后项，λ反映邻近地区WY对被自变量Y的影响；$WX\delta$为自变量的空间滞后项，δ反映邻近地区WX对被自变量Y的影响；ε是模型的残差项，服从期望为0、方差为σ^2的标准正态分布。需另外说明的是，（5-3）式中W为二进制邻接空间权重矩阵，其为31×31的对称矩阵，该矩阵元素在省域单位相邻时取值为1，不相邻时取值为0，对角线元素均为0，具体如公式（5-4）所示。

$$W=\begin{cases}1, & \text{当区域 } i \text{ 和区域 } j \text{ 相邻} \\ 0, & \text{当区域 } i \text{ 和区域 } j \text{ 不相邻}\end{cases} \tag{5-4}$$

2. 数据来源与变量说明

本部分构建了中国 31 个省（市、自治区）2012～2018 年的面板数据集，数据来源于 2012～2018 年《中国统计年鉴》、各省统计年鉴及国家统计局、各省统计局以及民政部等政府部门官方网站。上述数据均由国家统计局及地方统计局编著，统计口径一致，具有较高的权威性和可信度。

文章的研究目的在于从直接影响与空间溢出效应两个角度衡量普惠金融对解决相对贫困的作用，因此，本部分的自变量为前文构建的体现普惠金融发展水平的普惠金融指数。因变量与控制变量的设置与本章第一部分在检验金融发展程度对相对贫困影响效应的内容中所设置的因变量和控制变量一致，因变量包括基于夜间灯光指数法的相对贫困率与基于低保人数恒等法的相对贫困率，控制变量包括公共支出、产业结构、城镇化水平、消费水平与对外开放程度。各变量含义与描述性统计如表 5-9 所示。

表 5-9　变量选取与描述性统计

分类	变量名称	符号	变量定义	样本量	均值	标准差
自变量	普惠金融指数	*PUC*	依据普惠金融评价指标体系构建的指数	217	0.20	0.23
因变量	相对贫困	RP_1	基于夜间灯光指数法的相对贫困率	217	11.01	33.65
		RP_2	基于低保人数恒等法的相对贫困率	217	0.05	0.03
控制变量	公共支出	*PUB*	地方公共财政支出占 GDP 的比重	217	0.28	0.21
	产业结构	*STR*	农业总产值占 GDP 的比重	217	0.09	0.05
	城镇化水平	*URB*	城镇人口占总人口的比重	217	0.56	0.13
	消费水平	*COST*	人均消费额（元）的对数	217	9.62	0.35
	对外开放程度	*EXP*	出口额占 GDP 的比重	217	0.13	0.14
矩阵	空间权重矩阵	*W*	根据中国 31 个省地理位置构建的 31×31 区域矩阵，相邻的区域取值为 1，否则为 0①			

① 由于民政部公布的各省低保人数为季度数据，因此本部分采用四个季度算数平均值对数据进行处理；由于海南省地理位置的特殊性，在构建空间权重矩阵时本部分假定其仅与广东省相邻。

5.3.3 普惠金融支持解决中国相对贫困的实证结果分析

1. 空间相关性检验

在确定是否使用空间计量方法前，首先应考虑数据是否存在空间依赖性，即普惠金融发展水平空间相关性和贫困率空间相关性是否存在，若存在，方可使用空间计量方法。本部分采用全局莫兰指数 I（Moran’s I）检验普惠金融发展水平与贫困率的空间分布是否存在相关性，其计算公式为：

$$I = \frac{\sum_{i=1}^{n}\sum_{j=1}^{n} w_{ij}(x_i - \bar{x})(x_j - \bar{x})}{s^2 \sum_{i=1}^{n}\sum_{j=1}^{n} w_{ij}} \tag{5-5}$$

在（5-5）式中，$s^2 = \frac{\sum_{i=1}^{n}(x_i - \bar{x})^2}{n}$ 为样本方差。W_{ij} 为空间权重矩阵的（i，j）元素，以度量区域 i 与区域 j 是否相邻；X_i 和 X_j 分别表示地区 i 和地区 j 普惠金融发展水平或贫困率的观测值。

莫兰指数 I 的取值通常介于－1 到 1 之间，大于 0 表示目标区域存在空间正相关，小于 0 则表示目标区域存在空间负相关，若该指数接近于 0 则表明空间分布相互独立，不存在空间自相关。本部分运用 Stata 13.0 统计软件对 2012 年至 2018 年中国普惠金融发展水平空间相关性及贫困率空间相关性进行莫兰指数 I 检验，其结果如表 5-10 所示。

表 5-10 中国 31 省 2012～2018 年贫困率及普惠金融发展水平全局莫兰指数 I 检验

年份	Moran’ sI			年份	Moran’ s I		
	RP_1	RP_2	PUC		RP_1	RP_2	PUC
2012	0.158***	0.487***	0.189**	2013	0.151***	0.499***	0.159**
2014	0.138***	0.503***	0.169**	2016	0.137***	0.463***	0.181**
2016	0.139***	0.515***	0.180**	2017	0.151***	0.522***	0.205**
2018	0.149***	0.502***	0.206**				

注：***、**、*分别表示在 1%、5%、10%的显著性水平下通过假设性检验。

从检验结果可以得出，2012 年至 2018 年普惠金融发展水平及贫困率的莫兰指数 I 均大于 0，且强烈拒绝“无空间自相关”的原假设，表明中国普惠金融发展水平和贫困率并非完全随机分布，都具有明显的空间相关性，具有较高普惠金融发展水平（或贫困率）的省份相互邻近、普惠金融发展水平（或贫困率）较低的省份相互邻近。因此，从空间维度对普惠金融减贫效应进行分析很有必要。

2. 计量检验结果

本部分对中国 2012～2018 年 31 个省（市、自治区）面板数据进行计量检验和结果分析，首先在不考虑空间相关性的条件下对面板数据进行 Hausman 检验，从而判断应选择固定效应或随机效应。根据 Stata 13.0 统计软件的结果，基于夜间灯光指数法的相对贫困和基于低保人数恒等法的相对贫困的 Hausman 检验值分别为 78.32 和 15.10，且分别在 1%和 5%的显著性水平下拒绝原假设，因此，固定效应面板模型的估计方法更优。其结果如表 5-11 所示，其中，列（1）是以基于夜间灯光指数法的相对贫困率为因变量的回归结果，列（2）以基于低保人数恒等法的相对贫困率为因变量的回归结果。

在空间计量模型的使用中，若仍采用普通最小二乘估计（OLS）将会导致计量结果有偏，而极大似然法（ML）能很好地解决此问题。因此本部分采用 ML 估计方法对空间计量模型进行参数估计，结果如表 5-11 所示。列（3）是以基于夜间灯光指数法的相对贫困率为因变量的回归结果，列（4）以基于低保人数恒等法的相对贫困率为因变量的回归结果。对于主要自变量的估计结果可以得出，固定效应面板模型与空间 Durbin 模型结果一致，且模型拟合优度较高，进一步证实了空间计量模型的有效性。从实证结果可以看出，以基于低保人数恒等法的相对贫困率为因变量的回归结果为例，在固定效应面板模型与空间 Durbin 模型中，普惠金融指数分别在 1%和 5%水平下通过假设性检验，且系数为负，表明普惠金融发展对解决相对贫困有显著的正向作用。普惠金融发展水平的空间滞后项系数在 10%显著性水平下通过假设性检验，且系数符号为负，即周边地区普惠金融发展水平对本地区解决相对贫困同样有显著作用。

在控制变量方面，从空间 Durbin 模型结果可以看出，公共支出、产业结构、对外开放程度和城镇化水平均在1%的显著性水平下拒绝原假设，存在显著的负相关关系，地方公共财政支出能有效缓解贫困，同时，产业结构存在显著的空间效应，而其他地区公共财政支出程度对本地区贫困减缓没有影响。地方政府财政扶贫资金的投入规模逐年增加，通过转移性支付等手段实现其基本职能，从提高贫困人群可得性收入角度完成减贫任务。但目前中国政府存在“地方本位”的现象，仅从地方保护和局部利益出发，割裂了区域间的联系和共同发展。此外，消费水平的增长能显著影响贫困，且本地区贫困减缓会从周边地区消费水平的增长中明显受益，在投资增长乏力、产能过剩较为严重、出口贸易陷入停滞的大背景下，消费水平的增长释放了巨大的经济潜力，对信贷环境的拉动作用日益突出，因此消费水平表现出了显著的减贫效应和空间溢出效应。近年来，中国贫困地区农业产业劳动力不断向城市输出，农产品市场环境和产业结构发生变化，中国贫困人群多集中在农村偏远地区，在中国政府主导的产业发展中，“做大做强”服务业、发挥服务业最大的就业功能这一政策有明显经济效益，因此农业产业占比对相对贫困没有显著的空间溢出作用。

表 5-11　固定效应面板模型及空间 Durbin 模型估计结果

	固定效应面板模型		空间 Durbin 模型	
	(1) RP_1	(2) RP_2	(3) RP_1	(4) RP_2
PUC	−0.3421*** (0.1271)	−0.0451** (0.0215)	−0.2691** (0.1292)	−0.0335* (0.0191)
EG	−0.607*** (0.113)	−0.194*** (0.0610)	−0.3364*** (0.0712)	−0.1349*** (0.0106)
PUB	−3.106*** (0.421)	0.0510 (0.0344)	−0.7602*** (0.2245)	0.0520 (0.0327)
STR	−3.823*** (0.747)	−0.00337 (0.0092)	−2.4201*** (0.3705)	−0.2223*** (0.0546)
URB	−4.304*** (0.776)	−0.143** (0.0634)	−2.6922*** (0.4013)	−0.0796 (0.0594)
COST	−0.652*** (0.119)	−0.0462*** (0.0096)	−0.1432* (0.0752)	−0.0530*** (0.0111)
EXP	−0.592** (0.244)	−0.0448** (0.0199)	−0.5384*** (0.1133)	−0.0472*** (0.0167)

续表

	固定效应面板模型		空间 Durbin 模型	
	(1) RP_1	(2) RP_2	(3) RP_1	(4) RP_2
$W \times PUC$			−0.2055* (0.1171)	0.1136*** (0.0346)
$W \times EG$			−0.3504 (0.2312)	0.0722*** (0.0174)
$W \times PUB$			−0.6944* (0.3871)	0.0968* (0.0527)
$W \times STR$			0.4133 (0.7051)	−0.2712*** (0.1043)
$W \times URB$			1.2454 (0.9671)	−0.5823*** (0.1364)
$W \times COST$			0.5570*** (0.1012)	0.0094 (0.0154)
$W \times EXP$			−0.4601** (0.2104)	−0.0512* (0.0309)
LogL			362.6089	797.8557
Constant	16.9023*** (1.0301)	0.6131*** (0.0841)		
$R2$	0.925	0.629		
观测值	217	217	217	217

注：***、**、*分别表示在1%、5%、10%的显著性水平下通过假设性检验，括号内为标准误。

3. 直接影响与空间溢出效应的测算及分析

当空间计量模型中存在空间滞后项时，回归系数不再简单反映自变量对被自变量的影响效应，而将总效应分解为直接效应和间接效应以更好地描述变量之间的空间交互作用，从而进一步验证其空间溢出性的存在。运用这一方法使直接效应表示为自变量对本地区造成的平均影响，间接效应为自变量对其他地区造成的平均影响，总效应则为自变量对所有地区造成的平均影响。Lesage and Pace (2009) 观察发现偏微分可以解释为不同模型设定中变量变化的影响，它可以作为检验是否存在空间溢出效应假设更为有效的基础。因此，本部分通过偏微分方法进一步求解各效应的程度。将空间 Durbin 模型改为如下矩阵形式：

$$Y=(I-\theta W)^{-1}(X\beta+WX\delta)+R \tag{5-6}$$

其中，I 为单位向量，R 是包括截距和残差项的剩余项，对于时间上从单位 1 到 N 的第 k 个自变量 X，其对应的 Y 的期望值的偏微分矩阵为：

$$\left[\frac{\partial E(Y)}{\partial x_{1k}} \cdot \frac{\partial E(Y)}{\partial X_{Nk}}\right]=(I-\theta W)^{-1}\begin{bmatrix} \beta_k & w_{12}\delta_k & \cdot & w_{1N}\delta_k \\ w_{21}\delta_k & \beta_k & \cdot & w_{2N}\delta_k \\ \cdot & \cdot & \cdot & \cdot \\ w_{N1}\delta_k & w_{N2}\delta_k & \cdot & \beta_k \end{bmatrix} \tag{5-7}$$

在式（5-7）中，最右侧矩阵的对角线元素均值度量了直接效应，间接效应亦称为溢出效应的概述性指标，用该矩阵的非对角线元素的行或列的均值来度量。即被自变量的直接效应为 β_K，相邻区域间接效应（溢出效应）的平均值为：

$$\sum_{i=1}^{N}\sum_{j=1}^{N} w_{ij}\delta_k/N,\ (i\neq j)$$

由此可以计算出各变量对贫困的直接影响、空间溢出效应和总体效应。表 5-12 汇报了基于夜间灯光指数法的相对贫困依据空间 Durbin 模型计算得出的直接效应、间接效应和总效应。

表 5-12　空间 Durbin 模型的直接效应、间接效应和总效应

效应变量	直接效应	间接效应	总效应
PUC	−0.5861** (0.2292)	−2.8881* (1.4942)	−3.4743** (1.6514)
EG	−0.3533*** (0.0902)	−0.2852 (0.5883)	−0.6385 (0.6254)
PUB	−0.9111** (0.4322)	−3.8723* (2.1153)	−4.7824* (2.4691)
STR	−3.0242*** (0.6851)	−6.7430 (6.2455)	−9.7670 (6.7316)
URB	−3.0861*** (0.6202)	−3.1235 (4.9055)	−6.2098 (5.3154)
COST	−0.1582* (0.0940)	−0.2153 (0.3273)	−0.3733 (0.3503)
EXP	−0.5251*** (0.2004)	0.0029 (1.0035)	−0.5226 (1.1484)

注：***、**、*分别表示在 1%、5%、10%的显著性水平下通过假设性检验，括号内为 t 值。

本部分主要关注普惠金融发展水平解决相对贫困的影响机制，从表 5-12 的结果可见，对于自变量普惠金融发展水平而言，其对解决相对贫困有着显著为正的直接影响，其他区域的普惠金融发展水平与邻接关系共同作用，对解决相对贫困有着显著为正的空间溢出效应，同时，总效应也同样显著。因此，普惠金融的发展对于解决相对贫困不仅有时间上的正向作用，同时也具有空间上的辐射带动作用。在中国普惠金融发展十余年的进程中，受到了政府和学界的广泛关注。政府充分调动银行类金融机构和新型金融机构的主观能动性，引导其结合自身优势和特点，瞄准市场定位，不断完善中国金融市场结构、改善金融市场发展环境，努力提高金融的资源配置效率，提高贫困人群的自我发展能力，逐步构建政府、金融机构和个人共享的征信体系，这对于解决“金融沙漠化”、改善城乡二元经济结构从而实现世界银行所倡导的农村金融覆盖面提高、贫困户福利水平改善和农村金融机构可持续发展目标具有重要意义。

4. 普惠金融减贫的影响机制分析

在上述内容中，本部分通过对普惠金融指数的测算，同时利用空间 Durbin 模型从定量分析的角度实证检验了中国 31 个省（市、自治区）十年间普惠金融发展与贫困减缓之间的相关关系，并对其空间溢出效应进行测算分析。而对普惠金融和贫困减缓之间内在逻辑的探讨有助于从理论层面了解其内生性的关系，即普惠金融通过何种途径实现贫困减缓。普惠金融对于减贫的效应主要从以下三个方面实现，从根本上解决低收入人群的贫困陷阱和恶性循环。

（1）收入增长与减贫

目前中国农村金融市场金融排斥问题严重，贫困人群通常由于缺乏抵押品和自身认知偏差等因素被排除在金融市场之外，无法从正规金融机构获得融资以支持生产性经营活动，社会的绝大多数资源集中在高端金融市场，富者更富而穷者更穷，因而使贫困人群陷入贫困的恶性循环。普惠金融作为金融排斥的对立面，发展普惠金融通过增加银行物理网点提高金融服务的可获得性和使用效率，将受到严重金融排斥的低收入人群纳入到金融体系内，提高其信贷可得性，将资金流入农村市场，增加低收入人群的生产性经营收入，从而实现永久脱离贫困的目标。

（2）经济增长与减贫

金融是现代经济运行的核心所在，金融部门通过资源的有效配置将资金输向最具生产力的领域。从微观层面来看，发展普惠金融通过提高金融账户的使用率促进经济社会生活的发展以提高个人消费、收入和投资水平，从而促进经济增长。从宏观层面来看，传统金融服务的排斥性导致收入差距现象严重，制约了经济的可持续发展，基于金融机构可持续性和普惠金融的发展，有效提高了收入水平和机会的平等性，优化了金融市场的资源配置，促进金融发展和经济增长的良性循环，从而有效缓解贫困问题。

（3）自有资本发展与减贫

脱贫致富的根本在于自身能力的提高，仅仅依靠政府的转移性支付无法实现脱贫的可持续性。人力资本和社会资本的发展有利于贫困者内生地提高自身可行能力，增强其社会生存能力和风险抵抗力。人力资本和社会资本是无形资本，普惠金融通过金融知识的普及和金融生态环境的改变提高贫困者的知识储备和生产技能，从而获得人力资本和社会资本的提高，增强自身的道德素质，同时强化社会网络关系，使得贫困人群实现自身的可持续发展和“造血式”脱贫。

本章小结

本章首先通过构建2012～2018年中国31个省（市、自治区）的面板数据，运用计量模型实证检验金融发展解决中国相对贫困的直接作用，将系统GMM（SYS-GMM）估计值与固定效应估计（FE）和混合OLS（Pooled OLS）估计值进行比较，从而确定使用SYS-GMM估计的有效性。从SYS-GMM估计结果来看，基于夜间灯光指数法的相对贫困率滞后项和基于低保人数恒等法的相对贫困率滞后项均呈现高度显著的特征，说明相对贫困具有持续性，前一期的相对贫困状况能够明显影响到后期的相对贫困状况。金融发展规模和信贷环境均显著为负，可知金融发展和信贷环境优化为解决相对贫困的有效因素。随后将金融发展对相对贫困的影响从城乡角度进行异质性分析，发现了城乡之间的差异较大，并从环境优化效应检验金融发展影响相对贫困的作用机制。其次，本章尝试从空间溢出视角出发，构建 2012～2018 年中国 31 个省（市、自治区）的空间面板数据集和空间邻接矩阵，运用因子分析法从普惠金融渗透性、普惠金融效用性和普惠金融可持续性三个维度确定普惠金融发展水平评价指标体系，计算普惠金融指数，采用空间 Durbin 模型分析并检验普惠金融发展水平对相对贫困的影响，获得了丰富、完整的结果。估计结果表明，在控制了政府支出、产业结构、城镇化水平、消费水平和对外开放程度等因素之后，一个地区普惠金融发展水平对解决相对贫困有显著的促进作用。同时，邻近城市的普惠金融发展水平具有显著的空间溢出效应。普惠金融不仅通过提高收入、促进经济增长、提高自有资本缓解贫困，而且还通过溢出效应显著降低周边城市的相对贫困率。

第6章 金融供给巩固脱贫攻坚成果的产业扶持效应研究

本章旨在检验第三章理论基础部分所提出的金融供给解决中国相对贫困的产业扶持效应，本部分将金融供给划分为正规金融供给和非正规金融供给，分别检验其对相对贫困的解决效应，并通过正规金融和非正规金融的交互项探索正规金融和非正规金融的替代或互补作用。进一步地，由中介机制检验正规金融供给和非正规金融供给通过产业扶持效应从而解决相对贫困。

6.1 金融供给影响相对贫困的研究设计

6.1.1 数据来源

本部分将宏观数据与微观数据相匹配，以期检验正规与非正规金融供给对相对贫困的影响，并运用中介效应检验其产业扶持效应。微观数据所使用的是2017年中国家庭金融调查（CHFS）数据库。中国家庭金融调查自2009年开展工作，每两年进行一次中国家庭金融调查，现已经在2011年、2013年、2015年、2017年和2019年成功实施全国范围内的家庭随机抽样调查。该样本覆盖了中国29个省（直辖市、自治区）、355个县（区、市）以及1428村（居）委会，共获得40011个家庭有效样本及127012个个人有效样本，反映了各家庭的资产与负债、收入与支出以及家庭人口特征等方面的动态变化。CHFS 2017是在

2017 年对全国家庭进行抽样入户调查得到，所调查的内容为上一年即 2016 年家庭收入、资产、人口等情况。宏观数据主要为产业升级的具体衡量指标，数据来源于国家统计局。在对数据和变量进行处理之后，本章一共获得了 106890 个个体数据。

6.1.2 模型设定

为了检验正规金融供给和非正规金融供给对相对贫困的影响，在设定计量模型的过程中，因变量为第四章根据绝对贫困乘数法和中位收入比例法所测算出来的相对贫困，由于相对贫困的数值为 0—1 变量，即因变量为离散的，考虑到离散因变量不宜使用 OLS 回归的特点，本章选择二值选择模型 Probit 模型分析金融供给对相对贫困的影响。设定模型形式如下：

$$RP_i = \alpha_0 + \alpha_1 FinS(FinS\_for, FinS\_in) + \alpha_2 X + \varepsilon_i \quad (i = 3,4) \quad (6\text{-}1)$$

在式（6-1）中，RP_3 表示基于绝对贫困乘数法的相对贫困，当 $RP_3=1$ 则表示基于绝对贫困乘数法的相对贫困状态，$RP_3=0$ 表示基于绝对贫困乘数法的非贫困状态；RP_4 表示基于中位收入比率法的相对贫困，$RP_4=1$，$RP_4=0$ 分别表示基于中位收入比例法的相对贫困状态和非贫困状态；$FinS$ 代表金融供给，本章将金融供给划分为正规金融供给（$FinS\_for$）和非正规金融供给（$FinS\_in$）；X 为其他控制变量；α_0 为回归截距项；α_i 为各解释变量的待估系数；ε_i 为扰动项。

进一步地，由于正规金融与非正规金融供给并非孤立地影响相对贫困，为了检验正规金融与非正规金融的交互效应，本章借鉴胡宗义和罗柳丹（2016）的做法，运用多元线性回归模型检验正规金融供给与非正规金融的共同作用，并通过两者交互项系数判断正规金融供给与非正规金融供给为互补关系还是替代关系，模型形式为：

$$\begin{aligned} RP_i = {} & \beta_0 + \beta_1 FinS\_for + \beta_2 FinS\_in + \\ & \beta_3 (FinS\_for \times FinS\_in) + \beta_4 X + \varepsilon_i \quad (i = 3,4) \quad (6\text{-}2) \end{aligned}$$

在式（6-2）中，可以通过交互项回归系数 β_3 来判断正规金融与非正规金融的共同作用机理。若系数 β_3 符号为正，说明一个变量的边际效应随着另一个变量的增加而增加，因此两者表现为互补关系；反之，若系数 β_3 符号为负，说明一个变量的边际效应随着另一个变量的增加而减少，因此两者表现为替代关系。

6.1.3 指标构建

1. 相对贫困

本章实证检验所涉及的相对贫困为基于绝对贫困乘数法的相对贫困和基于中位收入比例法的相对贫困。这一内容在第四章已进行具体汇报，对于绝对贫困乘数法，选取低收入组人均可支配收入和中等偏下收入组人均可支配收入的平均值即 9214 元作为相对贫困线，绝对贫困乘数法的 2016 年乘数因子设置为 3.07，年收入低于 9214 元即处于基于绝对贫困乘数法的相对贫困状态，$RP_3=1$，反之，则 $RP_3=0$；对于中位收入比例法，由于 2016 年城镇居民人均可支配收入中位数为 31554 元，农村居民人均可支配收入中位数为 11149 元。由此可得到 2016 年城镇和农村相对贫困线分别为 12621.6 元和 4459.6 元，即城镇居民年收入低于 12621.6 元时该居民处于基于中位收入比例法的相对贫困状态，农村居民年收入低于 4459.6 元时该农村居民处于基于中位收入比例法的相对贫困状态，即 $RP_4=1$。

2. 金融供给

于家庭层面而言，金融获得是有效金融供给的最直观体现。因此，对于金融供给的衡量，本书从家庭和个体层面分析其参与借贷市场的经历和渠道，从而识别正规金融供给和非正规金融供给。CHFS 2017 中的借贷类数据主要包括生产经营项目[①]、住房、商铺、车辆、教育、医疗和其他。本章根据“目前，您家是否有尚未还清的银行/信用社贷款?”和“除了银行/信用社贷款以外，目前您家是否有尚未还清的民间借款?”识别正规金融与非正规金融供给。对于生产经营

① 生产经营项目包括农业生产经营和工商业生产经营。

项目、住房、商铺、车辆、教育、医疗和其他七大类中，任意一项回答了有尚未还清的银行/信用社贷款，则视为获得了正规金融供给，则 $FinS\_for=1$，而对于七大类中任何一项都没有尚未还清的银行/信用社贷款，则视为没有获得正规金融供给，$FinS\_for$ 取值为零。同样地，通过对七大类内容回答“除了银行/信用社贷款以外，目前您家是否有尚未还清的民间借款①？”这一问题，若任意一项回答是，则 $FinS\_in$ 取值为 1，若每一项都回答否，则 $FinS\_in$ 取值为 0。此外，本章通过问卷中“当时实际获得了多少贷款”“这笔借款当时实际借入了多少钱”这一加载项识别正规金融供给与非正规金融供给金额，以期运用于稳健性检验中，加强基准回归结果的说服力。

3. 产业结构升级

由于微观数据库对于产业结构升级的衡量具有明显的局限性，因此，本部分将微观数据与宏观数据相匹配以衡量产业结构升级。西方经济学家曾明确指出，随着经济社会的发展，产业结构的演变遵循着占国民经济最大比例的产业由第一产业转变为第二产业再变为第三产业这一规律，因此，借鉴刘玉龙等（2014）、鲁钊阳和李树（2015）的做法，用地区第三产业增加值/（地区第一产业增加值＋地区第二产业增加值）来衡量产业结构升级。具体而言，本部分通过国家统计局官方网站获得了全国 31 省（市、自治区）2016 年三大产业增加值的具体数值，通过运算得到产业结构升级的具体指标之后与 CHFS2017 中的 29 省（市、自治区）一一对应，由此形成了本部分产业结构升级所需数据，并在回归中对产业结构升级进行对数处理。

4. 其他控制变量

借鉴其他学者的做法，本部分最终选取个体特征变量以及地区特征变量两大类作为影响相对贫困的控制变量。个体特征变量包括性别、年龄、政治面貌、工

① CHFS 2017 问卷中的民间借款包括父母/公婆/岳父母、子女、兄弟姐妹、其他亲属、朋友/同事、民间金融组织或职业借贷人（含高利贷）、网络借贷平台等（小额贷款公司借款归为正规金融供给）。

作状况[①]、健康水平[②]、婚姻状况、受教育程度、是否从事农业生产等变量。居民的个体特征会在不同程度上影响贫困的状况，不同的年龄段可能会陷入不同程度的贫困状况；是否中共党员以及家庭规模可能会影响家庭的社会网络从而影响贫困状况；有工作的人、受教育程度更高的人以及没有重大疾病的人更容易脱贫；此外，从事农业生产由于“靠天吃饭”，具有一定的脆弱性，所以从事农业生产可能更容易陷入贫困。各变量的具体含义与描述性统计如表 6-1 所示。

表 6-1　变量选取与描述性统计

分类	变量名称	符号	变量定义	均值	标准差
自变量	正规金融供给	*FinS _ for*	是否获得正规金融	0.12	0.33
	非正规金融供给	*FinSfor _ mon*	获得正规金融金额（万元）	4.86	51.75
		FinS _ in	是否获得非正规金融	0.29	0.45
		FinSin _ mon	获得非正规金融金额（万元）	1.34	12.91
因变量	相对贫困	RP_3	基于绝对贫困乘数法的相对贫困	0.09	0.28
		RP_4	基于中位收入比例法的相对贫困	0.11	0.31
控制变量	年龄	*Age*	年龄（岁）	42.76	22.05
	性别	*Gender*	男＝1，女＝0	0.50	0.49
	受教育程度	*EDU*	没上过学＝1，小学＝2，初中＝3，高中＝4，中专/职高＝5，大专/高职＝6，大学本科＝7，硕士研究生＝8，博士研究生＝9	3.48	1.78
	政治面貌	*Party*	是否中共党员	0.05	0.23
	婚姻状况	*MARR*	是否结婚	0.89	0.31
	健康程度	*Health*	非常不好＝1，不好＝2，一般＝3，好＝4，非常好＝5	3.57	1.02
	工作情况	*Job*	是否有工作	0.49	0.49
	从事农业生产	*AGRI*	是否从事农业生产	0.15	0.36
中介变量	产业升级	*Industry*	地区第三产业增加值/（第一产业增加值＋第二产业增加值）	1.07	0.62

① 根据问卷中“最近一周是否为取得收入而工作过 1 小时以上？包括务农或无报酬的家庭帮工。”“最近一周为什么没有工作过 1 小时以上？”和“在最近一周未工作的主要原因是什么？”识别出没有工作的人。

② 根据问卷中的自我评价“与同龄人相比，现在的身体状况如何？”识别受访者的健康水平。

6.2　金融供给影响相对贫困的实证分析

本部分分别对正规金融供给、非正规金融供给影响相对贫困的效应进行分析，并探索城乡异质性，再形成正规金融与非正规金融的交互项来分析两者之间的交互作用和之间的内在关系。

6.2.1　正规金融供给与非正规金融供给对相对贫困的影响效应分析

1．正规金融供给对相对贫困的影响效应分析

本部分首先对正规金融供给影响相对贫困的总体效应进行分析，进而将样本划分为城镇与农村探讨其城乡异质性。表 6-2 汇报了正规金融供给影响相对贫困的总体效应和城乡异质性。表中列（1）和列（4）分别汇报了正规金融对基于绝对贫困乘数法的相对贫困和基于中位收入比例法的相对贫困的影响，从回归结果来看，无论是基于绝对贫困乘数法的相对贫困还是基于中位收入比例法的相对贫困，正规金融的系数均在 1％的显著性水平下通过假设检验，且符号为负，说明正规金融能有效解决相对贫困。从控制变量来看，年龄和年龄的二次项都能显著影响基于绝对贫困乘数法的相对贫困和基于中位收入比例法的相对贫困，年龄的系数符号为负，年龄的二次项系数为正，说明年龄与相对贫困之间呈现“U 型”的关系，即年轻和年迈的人更容易陷入相对贫困，壮年陷入相对贫困的概率较小。而男人相较于女人而言更容易陷入相对贫困。从受教育程度来看，学历越高，陷入相对贫困的可能性越小。从政治面貌来看，党员的身份能带来更强大的社会网络从而陷入相对贫困的概率越小。此外，与预期结论一致，身体状况不好和没有工作的人相对于身体越健康、有工作人的更容易陷入相对贫困。与预期结论不一致的是，从事农业生产能有效解决相对贫困，这可能的原因是近年来农业产业得到大力发展，在促进本地区特色优势产业发展的同时也能够发展相关服务业等相关产业，有效提高了农民收入，因此从事农业生产能有效解决相对贫困。

若将样本划分为城镇和农村可以比较正规金融在城乡不同的减贫效应。表

6-2中列（2）和列（3）分别汇报了正规金融供给影响基于绝对贫困乘数法的相对贫困的农村和城镇效应，列（5）和列（6）分别汇报了正规金融供给影响基于中位收入比例法的相对贫困的农村和城镇效应。从分样本回归结果可以看出，正规金融供给解决相对贫困的影响效应存在显著的城乡异质性，无论是基于绝对贫困乘数法的相对贫困还是基于中位收入比例法的相对贫困，均在1%的水平下通过显著性检验，且符号为负，说明正规金融均能有效解决农村相对贫困和城镇相对贫困。通过比较正规金融的系数大小可以发现，正规金融供给在城镇地区的减贫效应要大于农村地区，说明正规金融供给在城镇地区对相对贫困的影响效应更大。下一部分将着重对非正规金融影响相对贫困的效应进行分析，并讨论其城乡异质性，从而分析正规金融和非正规金融对于解决城乡相对贫困所发挥的不同效应。

表 6-2　正规金融供给影响相对贫困的总体效应和城乡异质性

Variables	RP_3			RP_4		
	(1)	(2)	(3)	(4)	(5)	(6)
FinS_for	−0.1551*** (0.0206)	−0.1454*** (0.0381)	−0.1712*** (0.0246)	−0.1691*** (0.0200)	−0.1302*** (0.0309)	−0.1951*** (0.0270)
Age	−0.0105*** (0.0018)	−0.0026 (0.0030)	−0.0135*** (0.0023)	−0.0161*** (0.0017)	−0.0048* (0.0026)	−0.0128*** (0.0024)
Age^2	0.0001*** (1.71e−5)	8.70e−5*** (2.82e−5)	0.0001*** (2.19e−5)	0.0001*** (1.64e−5)	0.0001*** (2.45e−5)	0.0001*** (2.32e−5)
Gender	0.0807*** (0.0116)	0.0687*** (0.0189)	0.0842*** (0.0148)	0.1012*** (0.0110)	0.0802*** (0.0161)	0.0843*** (0.0158)
EDU	−0.1693*** (0.0044)	−0.1235*** (0.0092)	−0.1952*** (0.0054)	−0.2232*** (0.0043)	−0.1434*** (0.0076)	−0.1860*** (0.0058)
Party	−0.1371*** (0.0279)	−0.0358 (0.0562)	−0.1382*** (0.0326)	−0.2051*** (0.0279)	−0.0793* (0.0478)	−0.1882*** (0.0360)
MARR	−0.2523*** (0.0218)	−0.2033*** (0.0355)	−0.2951*** (0.0278)	−0.3244*** (0.0210)	−0.3011*** (0.0300)	−0.2721*** (0.0298)
Health	−0.1422*** (0.0057)	−0.1034*** (0.0090)	−0.1701*** (0.0076)	−0.1702*** (0.0054)	−0.1331*** (0.0077)	−0.1532*** (0.0080)
Job	−0.1175*** (0.0126)	−0.2112*** (0.0205)	−0.0626*** (0.0166)	−0.0091 (0.0121)	−0.1453*** (0.0177)	−0.0836*** (0.0177)

续表

Variables	RP_3			RP_4		
	(1)	(2)	(3)	(4)	(5)	(6)
AGRI	−0.0450*** (0.0168)	−0.5182*** (0.0405)	0.0440** (0.0193)	−0.1942*** (0.0168)	−0.4711*** (0.0305)	0.0394* (0.0207)
Constant	0.1711*** (0.0503)	−0.4012*** (0.0857)	0.5413*** (0.0655)	0.6501*** (0.0483)	0.1761** (0.0727)	0.2940*** (0.0697)
Observations	105，806	36，632	69，174	105，806	36，632	69，174

注：括号内为各统计量的标准差；***、**、*分别表示在1%、5%、10%显著水平下显著。

2. 非正规金融供给对相对贫困的影响效应分析

为了检验非正规金融供给对相对贫困的影响效应，本部分运用 Probit 模型实证检验非正规金融对基于绝对贫困乘数法的相对贫困和基于中位收入比例法的相对贫困的影响进行分析。表 6-3 汇报了非正规金融供给影响相对贫困的总体效应和城乡异质性。表 6-3 中列（1）和列（4）分别为非正规金融影响基于绝对贫困乘数法的相对贫困和基于中位收入比例法的相对贫困的回归结果，与正规金融的影响效应基本一致，无论是基于绝对贫困乘数法的相对贫困还是基于中位收入比例法的相对贫困，非正规金融均在1%的显著性水平下通过假设检验，且符号为负，说明非正规金融能有效解决相对贫困。表 6-3 中列（2）和列（3）分别汇报了非正规金融供给影响基于绝对贫困乘数法的相对贫困的农村和城镇效应，列（5）和列（6）分别汇报了非正规金融供给影响基于中位收入比例法的相对贫困的农村和城镇效应。尽管将样本划分为农村和城镇之后非正规金融均能显著影响相对贫困，但其影响的效应却不尽相同。通过对比非正规金融的城乡系数可以发现，无论是基于绝对贫困乘数法的相对贫困，还是基于中位收入比例法的相对贫困，农村地区的非正规金融影响效应要大于城镇地区。这一结果与上一部分正规金融的影响效应恰恰相反，正规金融供给对城镇地区的减贫效应更大，而非正规金融对农村地区的减贫效应更大。这也真实地反映了中国的农村金融发展状况，正规农村金融供给以国有商业银行、农村商业银行、村镇银行等银行类金融机构以及小额贷款公司、农业保险公司等非银行类金融机构为代表，一般而言，成熟的金融市场中金融供给者通常可以通过有效的信息识别和评估机制，准备识别资金的需求者，降低信贷风险，而农村地区由于其农村居民居住环境具有分散性、从事农业生产收入的不确定性、有效抵押品的残缺性等导致农村地区正规金融排斥现象严峻。非正规金融作为正规金融的有效补充，在农村地区普遍存在。以亲邻借贷、互助组织、合会等民间组织为代表的非正规金融机构在一定程度上缓解了农村金融缺口问题，解决了分散农户的融资困难，进而促进农村产业升级，实现农民增收。由此可以解释回归结果中城镇地区正规金融供给的系数更大，而农村地区非正规金融供给的系数更大这一结论。

表 6-3 非正规金融供给影响相对贫困的总体效应和城乡异质性

Variables	RP_3			RP_4		
	(1)	(2)	(3)	(4)	(5)	(6)
FinS_in	−0.1051*** (0.0132)	−0.1531*** (0.0212)	−0.0756*** (0.0169)	−0.1022*** (0.0125)	−0.1682*** (0.0177)	−0.0711*** (0.0181)
Age	−0.0109*** (0.0018)	−0.0031 (0.0030)	−0.0137*** (0.0023)	−0.0165*** (0.0017)	−0.0054** (0.0026)	−0.0129*** (0.0024)
Age^2	0.0001*** ($1.71e^{-5}$)	$8.67e^{-5}$*** ($2.82e^{-5}$)	0.0001*** ($2.19e^{-5}$)	0.0001*** ($1.64e^{-5}$)	0.0001*** ($2.46e^{-5}$)	0.0001*** ($2.32e^{-5}$)
Gender	0.0825*** (0.0116)	0.0696*** (0.0189)	0.0860*** (0.0148)	0.1038*** (0.0110)	0.0807*** (0.0161)	0.0861*** (0.0158)
EDU	−0.1730*** (0.0043)	−0.1251*** (0.0092)	−0.1990*** (0.0053)	−0.2270*** (0.0043)	−0.1452*** (0.0076)	−0.1901*** (0.0057)
Party	−0.1372*** (0.0279)	−0.0332 (0.0564)	−0.1392*** (0.0325)	−0.2050*** (0.0278)	−0.0753 (0.0479)	−0.1881*** (0.0360)
MARR	−0.2532*** (0.0217)	−0.1951*** (0.0355)	−0.3031*** (0.0277)	−0.3252*** (0.0210)	−0.2941*** (0.0300)	−0.2791*** (0.0298)
Health	−0.1431*** (0.0057)	−0.1052*** (0.0090)	−0.1711*** (0.0076)	−0.1711*** (0.0054)	−0.1353*** (0.0077)	−0.1542*** (0.0081)
Job	−0.1151*** (0.0126)	−0.2112*** (0.0205)	−0.0608*** (0.0166)	0.0115 (0.0121)	−0.1440*** (0.0177)	−0.0816*** (0.0177)
AGRI	−0.0440*** (0.0168)	−0.5051*** (0.0405)	0.0380** (0.0193)	−0.1941*** (0.0168)	−0.4532*** (0.0305)	0.0306 (0.0207)
Constant	0.2154*** (0.0507)	−0.3442*** (0.0863)	0.5700*** (0.0660)	0.6922*** (0.0488)	0.2441*** (0.0732)	0.3201*** (0.0702)
Observations	105，787	36，622	69，165	105，787	36，622	69，165

6.2.2 正规金融供给与非正规金融供给影响相对贫困的稳健性检验

为了检验正规金融供给与非正规金融供给影响相对贫困实证结果的稳健性，本部分通过问卷中“目前，您家是否有尚未还清的银行/信用社贷款?”和“除了银行/信用社贷款以外，目前您家是否有尚未还清的民间借款?”的加载项“当时实际获得了多少贷款?（单位：元）”和“这些借款总额是多少?（单位：元）”得到正规金融供给金额和非正规金融供给金额，将是否获得正规金融和非正规金融供给替换为正规金融供给金额和非正规金融供给金额加入回归中，从而检验前文正规金融供给与非正规金融供给影响相对贫困实证结果的稳健性，在回归中，对正规金融供给金额和非正规金融供给金额均进行对数处理。表 6-4 中列（1）和（2）分别汇报了正规金融供给金额和非正规金融供给金额对基于绝对贫困乘数法的相对贫困影响回归结果，列（3）和列（4）分别汇报了正规金融供给金额和非正规金融供给金额对基于中位收入比例法的相对贫困影响回归结果。从回归结果可以看出，将是否获得正规金融供给与非正规金融供给这一自变量替换为正规金融供给金额与非正规金融供给金额后，正规金融供给和非正规金融供给仍在 1% 的显著水平下有效抑制相对贫困，其余控制变量回归结果与基准回归结果保持一致，足以证明前文所获得的实证回归结果是稳健的。

表 6-4　正规金融和非正规金融金额对相对贫困的影响

Variables	RP_3		RP_4	
	(1)	(2)	(3)	(4)
lnFinSfor _ mon	−0.0779*** (0.0077)		−0.1062*** (0.0079)	
lnFinSin _ mon		−0.0105 (0.0082)		−0.0217*** (0.0079)
Age	−0.0099*** (0.0018)	−0.0105*** (0.0018)	−0.0155*** (0.0017)	−0.0160*** (0.0017)
Age^2	0.0001*** (1.72e^{-5})	0.0001*** (1.72e^{-5})	0.0001*** (1.64e^{-5})	0.0001*** (1.64e^{-5})
Gender	0.0807*** (0.0116)	0.0830*** (0.0116)	0.1009*** (0.0111)	0.1031*** (0.0111)

续表

Variables	RP_3		RP_4	
	(1)	(2)	(3)	(4)
EDU	−0.1672*** (0.0044)	−0.1722*** (0.0044)	−0.2211*** (0.0044)	−0.2273*** (0.0043)
Party	−0.1400*** (0.0281)	−0.1341*** (0.0279)	−0.2060*** (0.0280)	−0.2024*** (0.0279)
MARR	−0.2462*** (0.0219)	−0.2553*** (0.0218)	−0.3172*** (0.0211)	−0.3291*** (0.0211)
Health	−0.140*** (0.0057)	−0.142*** (0.0057)	−0.168*** (0.0055)	−0.171*** (0.0055)
Job	−0.1171*** (0.0127)	−0.1182*** (0.0127)	0.0086 (0.0122)	0.0097 (0.0122)
AGRI	−0.0430** (0.0169)	−0.0648*** (0.0168)	−0.1822*** (0.0169)	−0.2101*** (0.0168)
Constant	0.1422*** (0.0505)	0.1693*** (0.0507)	0.6222*** (0.0486)	0.6510*** (0.0488)
Observations	104,907	105,124	104,907	105,124

6.2.3 正规金融供给与非正规金融供给影响相对贫困的交互作用检验

正规金融供给与非正规金融供给可能存在互补与替代两方面的作用：一方面，正规金融供给与非正规金融供给的互补作用体现在资源配置上。由于以市场化和盈利为目标的正规金融机构在面对缺乏合格抵押品的贫困户时往往采取金融服务配给政策来应对金融需求，从而避免逆向选择和道德风险。因此，非正规金融以其特有的信息、担保和成本优势弥补了正规金融在部分金融市场的空白，从而满足正规金融覆盖不到地区的金融需求，因此正规金融供给与非正规金融供给存在互补作用。另一方面，正规金融供给与非正规金融供给的替代作用体现在市场抢占和利益冲突上，尽管正规金融供给与非正规金融供给面对的需求主体存在较大差异，但两者在服务提供和资金供给方面存在多方重合，形成竞争关系。非正规金融通过其自身优势在金融市场中尤其是农村金融市场抢占一席之地，对正规金融的需求会随之下降，由此形成正规金融供给与非正规金融供给的替代作用。正规金融供给与非正规金融供给的互补作用和替代作用可能同时存在于金融市场，而其交互作用的最终体现则取决于互补作用和替代作用孰大孰小。表 6-5 汇报了正规金融与非正规金融影响相对贫困的交互作用检验结果，其中列（1）和列（4）是基于绝对贫困乘数法的相对贫困和基于中位收入比例法的相对贫困的全样本回归，列（2）和列（3）是基于绝对贫困乘数法的相对贫困的农村样本和城镇样本回归结果，列（5）和列（6）是基于中位收入比例法的相对贫困的农村样本和城镇样本回归结果。从回归结果来看，无论是基于绝对贫困乘数法的相对贫困还是基于中位收入比例法的相对贫困，正规金融和非正规金融交互项的回归系数显著影响相对贫困且符号为正，说明正规金融供给与非正规金融供给之间存在明显的交互作用，且这一交互作用表现为互补作用，即无论是农村地区还是城镇地区，正规金融供给与非正规金融供给之间均存在互补作用，两者之间形成卓有成效的合作与错位竞争关系。

表 6-5　正规金融与非正规金融影响相对贫困的交互作用检验结果

Variables	RP_3			RP_4		
	(1)	(2)	(3)	(4)	(5)	(6)
FinS _ in	−0.1191*** (0.0141)	−0.1461*** (0.0223)	−0.0969*** (0.0183)	−0.1232*** (0.0134)	−0.1891*** (0.0188)	−0.0871*** (0.0195)
FinS _ for	−0.2311*** (0.0283)	−0.1202** (0.0511)	−0.2762*** (0.0343)	−0.2832*** (0.0280)	−0.2432*** (0.0440)	−0.2952*** (0.0377)
for _ in	0.2063*** (0.0411)	0.1057** (0.0468)	0.2570*** (0.0494)	0.2871*** (0.0400)	0.3042*** (0.0620)	0.2420*** (0.0541)
Age	−0.0109*** (0.0018)	−0.0031 (0.0030)	−0.0138*** (0.0023)	−0.0165*** (0.0017)	−0.0054** (0.0026)	−0.0130*** (0.0024)
Age^2	0.0001*** ($1.71e^{-5}$)	$8.61e^{-5}$*** ($2.82e^{-5}$)	0.0001*** ($2.20e^{-5}$)	0.0001*** ($1.64e^{-5}$)	0.0001*** ($2.46e^{-5}$)	$9.93e^{-5}$*** ($2.33e^{-5}$)
Gender	0.0812*** (0.0116)	0.0688*** (0.0189)	0.0845*** (0.0148)	0.1010*** (0.0111)	0.0803*** (0.0161)	0.0847*** (0.0158)
EDU	−0.1703*** (0.0044)	−0.1239*** (0.0092)	−0.1960*** (0.0054)	−0.2243*** (0.0043)	−0.1435*** (0.0076)	−0.1871*** (0.0058)
Party	−0.1371*** (0.0279)	−0.0342 (0.0563)	−0.1380*** (0.0326)	−0.2060*** (0.0279)	−0.0754 (0.0479)	−0.1881*** (0.0361)

续表

Variables	RP_3			RP_4		
	(1)	(2)	(3)	(4)	(5)	(6)
MARR	−0.2471*** (0.0218)	−0.1940*** (0.0355)	−0.2931*** (0.0278)	−0.3191*** (0.0210)	−0.2910*** (0.0300)	−0.2691*** (0.0298)
Health	−0.1432*** (0.0057)	−0.105*** (0.0090)	−0.1704*** (0.0076)	−0.1701*** (0.0054)	−0.1352*** (0.0077)	−0.1533*** (0.0081)
Job	−0.1144*** (0.0127)	−0.2119*** (0.0205)	−0.0593*** (0.0166)	0.0117 (0.0121)	−0.1440*** (0.0177)	−0.0804*** (0.0177)
AGRI	−0.0325* (0.0169)	−0.4951*** (0.0407)	0.0503*** (0.0195)	−0.1823*** (0.0169)	−0.4440*** (0.0307)	0.0449** (0.0209)
Constant	0.2201*** (0.0507)	−0.3389*** (0.0863)	0.5760*** (0.0660)	0.7002*** (0.0488)	0.2551*** (0.0733)	0.3253*** (0.0703)
Observations	105，787	36，622	69，165	105，787	36，622	69，165

6.3 金融供给解决相对贫困的产业扶持效应检验

本部分进一步通过中介效应方法探索正规金融供给与非正规金融供给影响相对贫困的作用机制，检验产业扶持在其中发挥的具体效用。

6.3.1 金融供给解决相对贫困的产业扶持效应检验的研究准备

当考虑解释变量对被解释变量的影响时，如果解释变量是通过某一变量影响被解释变量，则称该变量为中介变量，整个过程称为中介效应（温忠麟等，2004）。中介效应检验程序能较好地控制第一类错误率即弃真错误率和第二类错误率即存伪错误率，且能有效区分部分中介效应与完全中介效应。通过理论与研究假设部分的分析可知，金融供给可能通过带动产业升级从而解决相对贫困，为了检验这一研究假设，本书进一步利用中介效应检验程序分析金融供给解决相对贫困的内在机理。根据中介效应检验程序，本书设置方程式为：

$$RP_i = \beta_0 + \beta_1 FinS(FinS\_for, FinS\_in) + \beta_2 X_i + e_i \quad (i = 3.4) \tag{6-3}$$

$$Industry = \delta_0 + \delta_1 FinS(FinS\_for, FinS\_in) + \delta_2 X_i + e_i \tag{6-4}$$

$$RP_i = \varphi_0 + \varphi_1 FinS(FinS\_for, FinS\_in) + \varphi_2 Industry + \varphi_3 x_i + e_i \quad (i = 3,4) \tag{6-5}$$

在上式中，RP_3 表示基于绝对贫困乘数法的相对贫困；RP_4 表示基于中位收入比率法的相对贫困；$FinS$ 代表金融供给，将金融供给划分为正规金融供给（$FinS\_for$）和非正规金融供给（$FinS\_in$）；X 为其他控制变量；$Industry$ 表示产业扶持；β_0，δ_0，φ_0 为回归截距项；β_1，δ_1，φ_1 为各解释变量的待估系数；e_i 为扰动项。

中介效应检验程序具体为：首先对系数 β_1 的显著性进行检验，若不显著，则说明金融供给与相对贫困不相关，则停止检验；若显著，则进入下一步检验程序，即依次检验系数 δ_1 和 φ_2 是否显著。若两系数至少有一个不显著，则进行 Sobel 检验以判断中介效应是否显著；若两系数全部显著，则进一步检验 φ_1 的显著性。若 φ_1 显著，则说明该中介效应为部分中介效应，若 φ_1 不显著，则说明该中介效应为完全中介效应。

6.3.2　金融供给解决相对贫困的产业扶持效应检验结果

根据中介效应的检验程序，本部分首先对系数 β_1 进行检验。系数 β_1 的结果已由表 6-2 和表 6-3 给出，其在 1%的水平下显著，因此进入对 δ_1 和 φ_2 的检验程序。δ_1 所对应的式（6-4）考察的是金融供给与产业扶持之间的关系，因此本部分运用 Tobit 模型进行回归检验，回归结果如表 6-6 所示，列（1）汇报了正规金融供给对产业接结构升级的影响，列（2）汇报了非正规金融供给对产业结构升级的影响。从回归结果可以发现，正规金融供给与非正规金融供给均在 1%的水平下显著促进产业升级，因此 δ_1 检验通过。φ_2 和 φ_1 所对应的式（6-5）的回归结果如表 6-7 所示，可以发现两者均在 1%的显著性水平下通过假设检验，因此 φ_2 和 φ_1 同样也通过中介效应检验，且该中介效应为部分中介效应。

表 6-6　正规与非正规金融供给对产业结构升级的影响

Variables	(1)	(3)
FinS_for	0.0251*** (0.0034)	
FinS_in		0.0356*** (0.0024)
Age	0.0066*** (0.0003)	0.0064*** (0.0003)
Age^2	$-3.57e^{-5}$*** ($3.57e^{-06}$)	$-3.54e^{-5}$*** ($3.56e^{-06}$)
Gender	−0.0113*** (0.0022)	−0.0110*** (0.0022)
EDU	0.0460*** (0.0007)	0.0451*** (0.0007)
Party	−0.0027 (0.0045)	−0.0028 (0.0045)
MARR	−0.0066 (0.0040)	−0.0068* (0.0040)
Health	0.0158*** (0.0011)	0.0153*** (0.0011)
Job	−0.0543*** (0.0025)	−0.0536*** (0.0025)
AGRI	−0.0442*** (0.0030)	−0.0411*** (0.0030)
Constant	−0.4090*** (0.0097)	−0.3921*** (0.0098)
Observations	105, 806	105, 787

表 6-7　正规与非正规金融供给、产业结构升级与相对贫困的回归结果

Variables	RP_3		RP_4	
	(1)	(2)	(3)	(4)
FinS _ for	−0.1612*** (0.0206)		−0.1761*** (0.0200)	
FinS _ in		−0.1141*** (0.0132)		−0.1122*** (0.0126)
Age	−0.0086*** (0.0018)	−0.0090*** (0.0018)	−0.0141*** (0.0017)	−0.0146*** (0.0017)
Age^2	9.62e^{-5}*** (1.72e^{-5})	9.72e^{-5}*** (1.72e^{-5})	0.000162*** (1.65e^{-5})	0.000164*** (1.65e^{-5})
Gender	0.0782*** (0.0116)	0.0800*** (0.0116)	0.0980*** (0.0111)	0.0997*** (0.0111)
EDU	−0.1560*** (0.0044)	−0.1601*** (0.0044)	−0.2028*** (0.0044)	−0.2121*** (0.0044)
Party	−0.1370*** (0.0280)	−0.1381*** (0.0280)	−0.2072*** (0.0280)	−0.2072*** (0.0280)
MARR	−0.2581*** (0.0218)	−0.2591*** (0.0218)	−0.3322*** (0.0210)	−0.3332*** (0.0210)
Health	−0.1374*** (0.0057)	−0.1392*** (0.0057)	−0.1641*** (0.0055)	−0.1662*** (0.0055)
Job	−0.1330*** (0.0127)	−0.1310*** (0.0127)	−0.0091 (0.0122)	−0.0066 (0.0122)
AGRI	−0.0549*** (0.0168)	−0.0533*** (0.0168)	−0.2050*** (0.0168)	−0.2042*** (0.0168)
lnIndustry	−0.3501*** (0.0197)	−0.3532*** (0.0197)	−0.4151*** (0.0194)	−0.4182*** (0.0194)
Constant	0.0490 (0.0508)	0.0964* (0.0512)	0.5122*** (0.0489)	0.5582*** (0.0493)
Observations	105，806	105，787	105，806	105，787

综上所述，根据中介效应的检验程序，本书首先对系数 β_1 进行检验，其结果为显著，因此进入下一步分别检验 δ_1 和 φ_2 是否显著，其结果均为显著，最后检验 φ_1 的显著性，结果同样为显著，因此中介效应的假说成立，且为部分中介效应。在此基础上，本书参照麦金农等人（Mackinnon et al.，1995）对于中介

效应占比的计算方法：

$$Mediation\ Effect = \frac{\varphi_2 \delta_1}{\varphi_2 \delta_1 + \varphi_1} \tag{6-6}$$

以基于绝对贫困乘数法的相对贫困为例，从表 6-2 和表 6-3 可知，正规金融供给和非正规金融供给的系数分别为－0.1551 和－0.1051，即 $\beta_1 = -0.1551$，$\beta'_1 = -0.1051$。由表 6-6 可知，正规金融供给和非正规金融供给对产业升级的影响系数分别为 0.0251 和 0.0356，即 $\delta_1 = 0.0251$，$\delta'_1 = 0.0356$。从表 6-7 可以得到 φ_1 的数值，即 $\varphi_1 = -0.1612$，$\varphi'_1 = -0.1141$。由此可以分别计算正规金融供给和非正规金融供给通过产业结构升级解决相对贫困的中介效应占比，为 5.17％和 9.92％，这意味着正规金融供给对相对贫困的抑制作用有 5.17％来自产业扶持，非正规金融供给对相对贫困的抑制作用有 9.92％来自产业扶持。基于同样的方法，可以计算金融供给对基于中位收入比例法的相对贫困的中介效应，正规金融供给和非正规金融供给的中介效应占比分别为 5.58％和 11.71％，金融供给解决相对贫困可通过产业结构升级来进一步实现。

本章小结

本章检验第三章理论基础部分所提出的金融供给解决中国相对贫困的产业扶持效应，将金融供给划分为正规金融供给和非正规金融供给。首先，本章分别检验正规金融供给和非正规金融供给对相对贫困的解决效应，无论是基于绝对贫困乘数法的相对贫困还是基于中位收入比例法的相对贫困，正规金融供给与非正规金融供给的系数均在 1％的显著性水平下通过假设检验，且符号为负，说明正规金融供给和非正规金融均能有效解决相对贫困；其次，本章通过正规金融和非正规金融供给的交互项探索正规金融和非正规金融的替代或互补作用。从回归结果来看，无论是基于绝对贫困乘数法的相对贫困还是基于中位收入比例法的相对贫困，正规金融和非正规金融交互项的回归系数显著影响相对贫困，且符号为正，说明正规金融供给与非正规金融供给之间存在明显的交互作用，这一交互作用表现为互补作用，且无论是农村地区还是城镇地区，正规金融供给与非正规金融供给之间均表现为互补作用；最后，本章通过中介机制检验正规金融供给和非正规金融供给通过产业扶持效应从而解决相对贫困。通过中介效应检验程序可知，正规金融和非正规金融供给均能通过产业扶持解决相对贫困，正规金融供给和非正规金融供给解决基于绝对贫困乘数法的相对贫困中介效应占比分别为 5.17％和 9.92％，解决基于中位收入比例法的相对贫困中介效应占比分别为 5.58％和 11.71％，从而证明了金融供给解决中国相对贫困的产业扶持效应。

第7章 金融能力巩固脱贫攻坚成果的个体行为效应研究

本章利用2017年中国家庭金融调查（CHFS）数据，通过因子分析法构建居民金融能力指数，运用Probit模型、工具变量法和中介效应模型实证分析金融能力对贫困的影响以及金融能力、金融决策与贫困之间的作用机理。

7.1 金融能力减缓相对贫困的研究设计

7.1.1 数据来源

本部分将微观数据与宏观数据相匹配，以期更全面、客观地反映经济社会问题。文中微观数据来源于2017年中国家庭金融调查（CHFS），样本覆盖了中国29个省（直辖市、自治区）、355个县（区、市）以及1428村（居）委会，共获得40011个家庭有效样本及127012个个人有效样本，反映了各家庭的资产与负债、收入与支出以及家庭人口特征等方面的动态变化，为研究和决策提供权威可信的数据基础。在对数据进行异常值和缺失值的处理之后共获得93494个样本。本部分宏观数据来源于中国银行保险监督管理委员会统计数据以及国家统计局公布的《中国统计年鉴》。

7.1.2 指标构建与变量描述

1. 个体金融能力的指标构建

金融能力不仅强调居民内在的金融知识和素养，同时也强调居民所在外部环境提供金融支持的数量以及金融服务的可获得性。因此，借鉴 Sherraden（2013）对金融能力指标的衡量，本部分对金融能力指标的构建从内在能力与外部环境两个方面衡量。内在能力来源于居民的金融教育，而外部环境强调家庭具有参与金融市场的机会即能否接触金融产品和服务。其中，做出金融决策的能力基于个人的知识和技能，因此，内在能力又可进一步分为金融知识和教育信息。在日益复杂的金融市场，居民需用知识技能来武装自己从而获得并理解金融信息以做出更有效的金融决策，从而在各种各样的金融产品和服务中做出最优化选择。2017 年中国家庭金融调查数据设计了关于利率、通货膨胀和投资风险三个方面的多个问题以考察居民的金融知识水平。因此，将利率计算是否正确、通货膨胀计算是否正确、投资风险计算是否正确从而计算金融知识总得分作为金融知识的具体衡量指标。具体问题和选项如表 7-1 所示。

表 7-1　金融知识指标相关问题及选项①

类别	问卷题号	题目内容	选项内容
投资风险	H3103	高收益项目通常伴随着高风险，您认为该说法是否正确？	1. 是；2. 否
利率知识	H3105	假设银行的年利率是 4%，如果把 100 元钱存 1 年定期，1 年后获得的本金和利息为？	1. 小于 104 元；2. 等于 104 元；3. 大于 104 元；4. 算不出来
通货膨胀	H3106	假设银行的年利率是 5%，通货膨胀率每年是 3%，把 100 元钱存银行一年之后能够买到的东西将？	1. 比一年前多；2. 跟一年前一样多；3. 比一年前少；4. 算不出来

① H3103 选项 1 正确，得分为 1，若选择其他选项则得分为 0；H3105 选项 2 正确，得分为 1，若选择其他选项则得分为 0；H3106 选项 1 正确，得分为 1，若选择其他选项则得分为 0；H3111 选项 1 正确，得分为 1，若选择其他选项则得分为 0；H3112 选项 2 正确，得分为 1，若选择其他选项则得分为 0；H3113 选项 1 正确，得分为 1，若选择其他选项则得分为 0；H3114 选项 2 正确，得分为 1，若选择其他选项则得分为 0；H3115 选项 1 正确，得分为 1，若选择其他选项则得分为 0。

续表

类别	问卷题号	题目内容	选项内容
投资风险	H3111	您认为一般而言，股票和基金哪个风险更大?	1. 股票；2. 基金；3. 没有听过股票；4. 没有听说过基金；5. 两者都没有听说过；6. 一样大
投资风险	H3112	您认为一般而言，主板股票和创业板股票哪个风险更大?	1. 主板；2. 创业；3. 没有听说过主板股票；4. 没有听说过创业板股票；5. 两者都没有听说过；6. 一样大
投资风险	H3113	您认为一般而言，偏股型基金和偏债型基金哪个风险更大?	1. 偏股型基金；2. 偏债型基金；3. 没有听说过偏股型基金；4. 没有听说过偏债型基金；5. 两者都没有听说过；6. 一样大
投资风险	H3114	您认为一般而言，国债和公司债哪个风险更大?	1. 国债；2. 公司债；3. 没有听说过国债；4. 没有听说过公司债；5. 两者都没有听说过；6. 一样大
投资风险	H3115	投资多种金融资产要比投资一种金融资产的风险小。您认为该说法是否正确?	1. 是；2. 否

通过对以上问题回答情况的统计可知，利率、通货膨胀、投资风险问题全部答对的人数仅为 50 人，占比 0.05%，而所有问题都答错的人数为 10847 人，占比为 11.61%。此外，居民所受到的教育程度是能力的重要组成部分，因此选取文化程度以及是否参加财经类名人讲座、课程培训或论坛等作为教育信息的衡量指标。对于外部环境的指标选取，本部分将微观数据与宏观数据相结合，利用中国银保监会公布的 2016 年的各地区银行金融机构网点数量和国家统计局公布的地区总人口以及总面积计算出家庭所在地区每万人享有的银行金融机构网点数量和家庭所在地区每万平方公里的银行网点数量，作为金融服务可获得性的指标来衡量外部环境。具体指标及其描述性统计如表 7-2 所示。

在构建金融能力评价指标的基础上，运用因子分析法探析众多指标间的内在关联和基本结构，从而计算出金融能力指数，以期更客观地衡量居民金融能力。通过对变量进行 KMO 检验得到其检验值为 0.6501，由此可知运用因子分析法计算金融能力指数的合理性。依据特征值大于 1 的标准提取公因子，根据 Stata15 的计算结果，获得了 2 个公因子，命名为能力因子与环境因子。同时得到了因子载荷矩阵，利用公因子的方差贡献率在累计方差贡献率的比重作为权重，分别是 0.2585 和 0.2249，将权重乘以计算得出的相应因子得分加总得到金融能力指数。

表 7-2　金融能力指标体系构建及其描述性统计

<table>
<tr><th></th><th>一级维度</th><th>二级维度</th><th>具体指标</th><th>均值</th><th>标准差</th></tr>
<tr><td rowspan="5">金融能力</td><td rowspan="2">内在能力</td><td>金融知识</td><td>金融知识得分</td><td>1.62</td><td>0.96</td></tr>
<tr><td>教育信息</td><td>文化程度</td><td>3.60</td><td>1.79</td></tr>
<tr><td rowspan="3">外部环境</td><td rowspan="3">金融服务可获得性</td><td>是否参加财经类名人讲座、课程培训或论坛等</td><td>0.01</td><td>0.09</td></tr>
<tr><td>家庭所在地区每万人享有的银行金融机构网点数量</td><td>1.71</td><td>0. 29</td></tr>
<tr><td>家庭所在地区每万平方公里的银行网点数量</td><td>955.50</td><td>1308.80</td></tr>
</table>

表 7-3 汇报了全样本以及分地区的居民金融能力情况。从表中可以看出，在对金融能力指数进行标准化之后，就全国而言，居民的平均金融能力水平较低，平均值为 0.27，标准差为 1.12。将样本分为农村与城镇来看，农村地区平均金融能力水平远远低于城镇地区，且农村地区与城镇地区金融能力的内部差距也较大。从东、中、西、东北部来看，东部地区居民金融能力水平最高，东北部次之，中部地区和西部地区较低。此外，对不同年龄阶段的居民金融能力水平进行统计，发现金融能力最高的年龄段为 21 岁至 40 岁。

表 7-3　金融能力指数的描述性统计

	样本量	均值	标准差	最小值	最大值
金融能力（全样本）	72322	0.27	1. 12	0	1
金融能力（农村地区）	25257	0.21	0. 08	0	0.78
金融能力（城镇地区）	47065	0.31	0.12	0	1
金融能力（东部地区）	30814	0.33	0.13	0.07	1
金融能力（中部地区）	15135	0.21	0.08	0.03	0.70
金融能力（西部地区）	17807	0.22	0.09	0	0.70
金融能力（东北部地区）	8566	0.27	0.08	0.08	0.78

2. 变量描述

（1）相对贫困

本章实证检验所涉及的相对贫困为基于绝对贫困乘数法的相对贫困和基于中位收入比例法的相对贫困。这一内容在第四章已进行具体汇报，对于绝对贫困乘数法，选取低收入组人均可支配收入和中等偏下收入组人均可支配收入的平均值即 9214 元作为相对贫困线，绝对贫困乘数法的 2016 年乘数因子设置为 3.07，即年收入低于 9214 元即处于基于绝对贫困乘数法的相对贫困状态，$RP_3=1$，反之，则 $RP_3=0$；对于中位收入比例法，由于 2016 年城镇居民人均可支配收入中位数为 31554 元，农村居民人均可支配收入中位数为 11149 元。由此可得到 2016 年城镇和农村相对贫困线分别为 12621.6 元和 4459.6 元，即城镇居民年收入低于 12621.6 元时，该居民处于基于中位收入比例法的相对贫困状态，农村居民年收入低于 4459.6 元时该农村居民处于基于中位收入比例法的相对贫困状态，即 $RP_4=1$。

（2）金融决策

目前中国居民参与金融市场做出决策主要体现为家庭金融资产的配置，因此借鉴尹志超等人的研究，将家庭风险资产占金融资产的比重作为家庭金融决策的衡量指标。本部分所定义的风险资产包括股票、基金、金融衍生品、金融理财品、黄金、金融债券等。金融资产包括风险资产、政府债券、现金、活期存款、定期存款等。

（3）其他控制变量

借鉴其他学者的做法，最终选取个体特征变量以及地区特征变量两大类作为影响相对贫困的控制变量。个体特征变量包括性别、年龄、政治面貌、工作状况①、健康水平②、婚姻状况、受教育程度、是否从事农业生产等变量。居民的

① 根据问卷中“最近一周是否为取得收入而工作过 1 小时以上？包括务农或无报酬的家庭帮工。”“最近一周为什么没有工作过 1 小时以上？”和“在最近一周未工作的主要原因是什么？”识别出没有工作的人。

② 根据问卷中的自我评价“与同龄人相比，现在的身体状况如何？”识别受访者的健康水平。

个体特征会在不同程度上影响贫困的状况，不同的年龄段可能会陷入不同程度的贫困状况；是否中共党员以及家庭规模可能会影响家庭的社会网络从而影响贫困状况；有工作的人、受教育程度更高的人以及没有重大疾病的人更容易脱贫；此外，从事农业生产由于“靠天吃饭”，具有一定的脆弱性，所以从事农业生产可能更容易陷入贫困。此外，考虑到贫困状态会受到当地的宏观经济发展状况影响，因此本部分加入地区特征变量地区人均 GDP 作为控制变量。

（4）工具变量

金融能力在一定程度上存在内生性问题。主观态度是影响金融能力的重要因素，获取金融知识的意愿不仅受个人时间偏好的影响，还取决于居民对现状的改变欲望与对未来价值的估计，更希望改变现状或者对未来估值较高的居民更愿意提高金融能力。Monticone（2010）研究发现，若居民严重低估未来价值则不愿意学习新知识而满足于较低的金融素养水平。此外，如果居民对未来的福祉水平较为关心，则会主动地直接或间接接受金融知识。鉴于此，本部分选取“对经济金融信息的关注度”[①] 这一主观评价作为金融能力的工具变量，这一变量能够直接影响个人金融能力，但是与贫困的相关性不大。变量选取及描述性统计见表 7-4。

表 7-4 变量选取与描述性统计

分类	变量名称	符号	变量定义	均值	标准差
自变量	金融能力	*Fstd*	金融能力指数	0.27	0.12
因变量	相对贫困	RP_3	基于绝对贫困乘数法的相对贫困	0.08	0.27
		RP_4	基于中位收入比例法的相对贫困	0.10	0.30
控制变量	年龄	*Age*	年龄（岁）	48.20	17.64
	性别	*Gender*	男＝1，女＝0	0.49	0.50
	受教育程度	*EDU*	没上过学＝1，小学＝2，初中＝3，高中＝4，中专/职高＝5，大专/高职＝6，大学本科＝7，硕士研究生＝8，博士研究生＝9	3.61	1.79
	政治面貌	*Party*	是否中共党员	0.07	0.26

① 问卷问题：您平时对经济、金融方面的信息关注程度如何？选项：1. 从不关注；2. 很少关注；3. 一般；4. 很关注；5. 非常关注

续表

分类	变量名称	符号	变量定义	均值	标准差
控制变量	婚姻状况	*MARR*	是否结婚	0.87	0.34
	健康程度	*Health*	非常不好=1，不好=2，一般=3，好=4，非常好=5	3.51	1.01
	工作情况	*Job*	是否有工作	0.58	0.49
	从事农业生产	*AGRI*	是否从事农业生产	0.17	0.37
	地区生产总值	*Gdp*	人均地区生产总值	6.11	2.52
工具变量	金融信息关注度	*Iv*	1. 从不关注，2. 很少关注，3. 一般，4. 很关注，5. 非常关注	2.65	0.80
中介变量	金融决策	*Decision*	家庭风险资产占金融资产的比重	0.05	0.18

7.1.3 模型设定

本章研究的重点是居民金融能力对于相对贫困状况的影响，在设定计量模型的过程中，其被解释变量是基于绝对贫困乘数法的相对贫困和基于中位收入比例法的相对贫困，贫困状况是数值均为 0 和 1 的变量，即被解释变量是离散的，考虑到离散被解释变量通常不宜使用 OLS 回归的特点，选用二值选择模型 Probit 模型分别考察金融能力对三种不同衡量标准的贫困状况的影响。模型的设定形式为：

$$RP_i = \alpha_0 + \alpha_1 Fstd + \alpha_2 X + \varepsilon_i \quad (i = 3,4) \tag{7-1}$$

在式（7-1）中，RP_i 表示以绝对或相对标准衡量的贫困状态，RP_3 表示基于绝对贫困乘数法的相对贫困，当 $RP_3=1$ 则表示基于绝对贫困乘数法的相对贫困状态，$RP_3=0$ 表示基于绝对贫困乘数法的非贫困状态；RP_4 表示基于中位收入比率法的相对贫困，$RP_4=1$，$RP_4=0$ 分别表示基于中位收入比例法的相对贫困状态和非贫困状态；$Fstd$ 为居民金融能力指数；X 代表其他控制变量；α_0 为回归截距项，α_i 为各解释变量的待估系数，ε_i 为扰动项。

此外，由于 Probit 模型回归结果仅能给出显著性及参数符号等有限信息，而无法给出直观的经济含义，本章不仅仅考虑解释变量对被解释变量的影响趋势和显著性，还进一步计算金融能力对相对贫困的平均边际效应，即当解释变量变化一个单位时，被解释变量状态变化的概率变化幅度，计算方法为：

$$\frac{\partial E(RP_i \mid Fstd)}{\partial Fstd}=\frac{\partial F(\beta^T Fstd)}{\partial Fstd}=\frac{\partial \varphi(\beta^T Fstd)}{\partial Fstd}=\varphi(\beta^T Fstd)\cdot\beta \quad (7\text{-}2)$$

7.2 金融能力影响相对贫困的实证分析

7.2.1 个体金融能力影响相对贫困的总体效应分析

表7-5汇报了Probit模型即式（7-1）的估计结果并计算边际效应。其中，列（1）（3）使用Probit估计，分别为金融能力对基于绝对贫困乘数法的相对贫困、基于中位收入比例法的相对贫困的回归结果，列（2）（4）分别汇报了不同衡量标准下的相对贫困的平均边际效应，从而进一步解释其经济含义。由表7-5的列（1）（3）可以看出，在尽可能地控制所有影响居民相对贫困状况的个体特征与地区特征后，在基于绝对贫困乘数法的相对贫困、基于中位收入比例法的相对贫困两种衡量方式下，金融能力的估计系数均在1%的显著性水平下为负，这一结果说明金融能力的提升可以显著改善居民的贫困状况，金融能力越高的居民发生贫困的概率越小。在个体特征控制变量方面，男性比女性发生贫困的可能性更低，这可能是因为男性较女性而言具有更强壮的劳动力，能获得更稳健的劳动回报，因此产生贫困的可能性更低。从年龄来看，无论是基于绝对贫困乘数法的相对贫困、基于中位收入比例法的相对贫困，在两种贫困衡量标准下年龄分别在5%和1%显著性水平下为负，年龄的平方在1%的显著性水平下为正，说明年龄与相对贫困之间存在“U型”关系，壮年阶段更不易陷入相对贫困，这一结论在一定程度上与生命周期理论相符，即年轻时期和老年时期更可能发生贫困，中年时期由于收入稳定发生贫困的可能性较低。从居民政治面貌来看，中共党员的身份使得其更不可能陷入贫困，这是由于中共党员相对来说拥有更广泛的社会网络，能获得各方面的金融信息从而做出更有效的金融决策，且有工作的居民具有稳定的收入来源，陷入贫困的可能性更低。对于健康程度而言，身体健康状况越好，越不容易发生相对贫困，这也从

另一个角度体现了“因病致贫”的存在。另外，婚姻状况和从事农业生产也能显著影响贫困状况，成家的人陷入贫困的可能性越低，且从事农业生产也有助于摆脱相对贫困。从地区特征来看，居民所在地区人均GDP在两种贫困衡量标准下均在1%显著性水平下为负，说明当地经济状况越好居民发生贫困的可能性越小。

为了更全面地诠释各解释变量对贫困状况的影响，本部分进一步计算了各解释变量对贫困状况的边际效应。表7-5列（2）（4）分别是在基于绝对贫困乘数法的相对贫困、基于中位收入比例法的相对贫困两种衡量方式下的各解释变量对相对贫困的边际效应。具体而言，居民金融能力每增加一个单位，发生基于绝对贫困乘数法的相对贫困、基于中位收入比例法的相对贫困的概率分别减少1.18%、1.22%。表7-6汇报了农村地区与城镇地区金融能力对相对贫困的不同影响，从回归结果可以看出，农村地区与城镇地区居民金融能力对基于绝对贫困乘数法的相对贫困、基于中位收入比例法的相对贫困均在1%显著性水平下为负，即金融能力的提升能够显著抑制农村地区与城镇地区的相对贫困。从估计系数来看，农村地区金融能力对基于绝对贫困乘数法的相对贫困、基于中位收入比例法的相对贫困影响的估计系数分别为0.5721、0.4131，而城镇地区为1.6014、1.7141，农村地区明显低于城镇地区，因此，金融能力的高低对城镇地区居民的相对贫困影响更大。另外，值得一提的是，年龄项与年龄的平方项在农村样本回归和城镇样本回归存在显著差异，城镇样本回归结果与全样本回归结果一致，年龄项的系数符号为负，年龄平方项的系数符号为正，这说明城镇地区居民的年龄与相对贫困状态呈现正“U”形关系。而在农村地区，年龄和年龄的平方没有通过显著性检验，这一结果可能由年龄的双重效应而导致，一方面随着年龄的增长，一部分外出务工的农村居民能获得更突出的金融能力和丰富的金融决策经验，各项收入来源也会相应增多，因此发生贫困的概率较小；另一方面，年龄越大的居民其体力、精力、脑力都会有所下降，因此更容易陷入贫困。

表 7-5　全样本金融能力对贫困状况影响的回归结果

Variables	RP_3		RP_4	
	(1)	(2)	(3)	(4)
Fstd	−1.273*** (0.1071)	−1.1755*** (0.0147)	−1.3830*** (0.1021)	−1.2199*** (0.0162)
Age	−0.0051** (0.0023)	−0.0007** (0.0003)	−0.0104*** (0.0022)	−0.0016*** (0.0003)
Age^2	5.85e^{-5}*** (2.26e^{-5})	8.07e^{-6}*** (3.11e^{-6})	0.000126*** (2.14e^{-5})	0.0001*** (3.41e^{-6})
Gender	0.0804*** (0.0147)	0.0110*** (0.0020)	0.0906*** (0.0140)	0.0144*** (0.0022)
Edu	−0.110*** (0.00710)	−0.0152*** (0.0009)	−0.1592*** (0.0069)	−0.0252*** (0.0011)
Party	−0.1012*** (0.0374)	−0.0138*** (0.0051)	−0.1502*** (0.0371)	−0.0238*** (0.0058)
Marr	−0.2623*** (0.0277)	−0.0360*** (0.0038)	−0.3051*** (0.0268)	−0.0485*** (0.0042)
Health	−0.1224*** (0.0074)	−0.0168*** (0.0010)	−0.1372*** (0.0070)	−0.0217*** (0.0011)
Job	−0.1471*** (0.0162)	−0.0202*** (0.0022)	−0.0353** (0.0154)	−0.0056** (0.0024)
Agri	−0.0810*** (0.0209)	−0.0111*** (0.0028)	−0.2323*** (0.0209)	−0.0368*** (0.0033)
lnGdp	−0.2163*** (0.0238)	−0.0298*** (0.0032)	−0.2812*** (0.0226)	−0.0447*** (0.0035)
Constant	0.4112*** (0.0694)		0.9332*** (0.0665)	
Observations	72310	72310	72310	72310

注：*、**、***分别表示在10%、5%、1%水平下显著，括号内为稳健标准差。边际效应为平均边际效应的计算结果，括号内为Delta-method所得出的标准差。

表 7-6　分地区金融能力对贫困状况的回归结果

Variables	农村地区		城镇地区	
	RP_3 (1)	RP_4 (2)	RP_3 (3)	RP_4 (4)
Fstd	−0.5721*** (0.1892)	−0.4131*** (0.1528)	−1.6014*** (0.1341)	−1.7141*** (0.1452)
Age	0.0045 (0.0039)	−0.0001 (0.0033)	−0.0109*** (0.0030)	−0.0094*** (0.0032)
Age^2	$1.94e^{-5}$ ($3.66e^{-5}$)	$9.42e^{-5}$*** ($3.10e^{-5}$)	$7.90e^{-5}$*** ($2.93e^{-5}$)	$6.98e^{-5}$** ($3.13e^{-5}$)
Gender	0.0568** (0.0237)	0.0658*** (0.0198)	0.0924*** (0.0189)	0.0872*** (0.0204)
Edu	−0.0911*** (0.0133)	−0.1192*** (0.0110)	−0.1341*** (0.0088)	−0.1172*** (0.0095)
Party	0.0263 (0.0711)	−0.0234 (0.0600)	−0.1281*** (0.0449)	−0.1752*** (0.0500)
Marr	−0.2481*** (0.0449)	−0.2832*** (0.0376)	−0.2943*** (0.0356)	−0.2491*** (0.0387)
Health	−0.0845*** (0.0115)	−0.1062*** (0.0096)	−0.1551*** (0.0098)	−0.1372*** (0.0106)
Job	−0.2141*** (0.0260)	−0.1542*** (0.0220)	−0.0859*** (0.0213)	−0.1153*** (0.0229)
Agri	−0.5183*** (0.0501)	−0.4191*** (0.0362)	−0.0172 (0.0241)	−0.0419 (0.0263)
lnGdp	−0.2323*** (0.0391)	−0.2392*** (0.0325)	−0.2211*** (0.0307)	−0.1652*** (0.0331)
Constant	−0.2611** (0.117)	0.3032*** (0.0975)	0.9552*** (0.0923)	0.5751*** (0.0991)
Observations	25255	25255	47055	47055

注：*、**、***分别表示在10%、5%、1%水平下显著，括号内为稳健标准差。

7.2.2 个体金融能力影响相对贫困的内生性检验

考虑到金融能力对相对贫困状况的影响可能存在内生性问题，基于数据的可得性，选取对经济金融信息的关注度作为工具变量，回归结果如表 7-7 所示。通过表 7-7 可以看出，沃尔德外生性检验在 1%显著性水平下拒绝了“主要解释变量不存在内生性”的原假设，这说明运用工具变量法的合理性和必要性。且第一阶段回归系数均在 1%水平下显著，则经济金融信息的关注度对金融能力有显著的影响，由此可见，工具变量具有较强的相关性。由表 7-7 还可以得出，在两种不同的相对贫困衡量方式下，第一阶段估计的 F 值均为 12422.88，这进一步表明对经济金融信息的关注度对金融能力具有很强的解释力，因此不存在弱工具变量的问题。在纠正了内生性问题后，金融能力对基于绝对贫困乘数法的相对贫困、基于中位收入比例法的相对贫困仍在 1%显著性水平下显著为负，且回归系数远远高于原回归结果，这表明 Probit 模型低估了金融能力对贫困的影响，金融能力的提升对相对贫困的抑制有显著的作用。

表 7-7 金融能力对贫困状况的影响：ivProbit 模型

Variables	(1)	(3)
Fstd	−1.2081*** (0.1009)	−3.2641*** (0.9812)
Age	−0.0052** (0.0025)	−0.0084*** (0.0025)
Age^2	$5.90e^{-5}$** ($2.39e^{-5}$)	0.0001*** ($2.32e^{-5}$)
Gender	0.0806*** (0.0149)	0.0845*** (0.0144)
EDU	−0.1131*** (0.0435)	−0.0760* (0.0445)
Party	−0.1013*** (0.0379)	−0.1382*** (0.0375)
MARR	−0.2622*** (0.0281)	−0.2931*** (0.0278)

续表

Variables	(1)	(3)
Health	−0.1221*** (0.0074)	−0.1354*** (0.0072)
Job	−0.1474*** (0.0182)	−0.0506*** (0.0172)
AGRI	−0.0810*** (0.0209)	−0.2282*** (0.0210)
lnGdp	−0.2251 (0.141)	−0.0161 (0.142)
一阶段估计 F 值 (工具变量 t 值)	12422.88 (30.46)	12422.88 (30.46)
沃尔德统计量 (p−value)	2581.31 (0.0000)	4204.96 (0.0000)
Observations	72，310	72，310

注：*、**、***分别表示在10%、5%、1%水平下显著，括号内为稳健标准差。

7.2.3 进一步讨论

由于东、中、西、东北部地区经济发展状况存在显著的差异，通过前面的分析可知，东部地区的居民金融能力水平要远高于其他地区，鉴于此，本部分进一步探索不同经济发展区域金融能力对相对贫困的影响。表7-8汇报了东、中、西、东北部地区金融能力对相对贫困的影响。在表7-8中，列（1）（3）（5）（7）分别代表东部、中部、西部、东北部地区金融能力对基于绝对贫困乘数法的相对贫困的影响，列（2）（4）（6）（8）分别代表东部、中部、西部、东北部地区金融能力对基于中位收入比例法的相对贫困的影响。由回归结果可以发现，与原假设基本一致，不同地区的差异巨大，在东部地区和西部地区，无论是基于绝对贫困乘数法的相对贫困还是基于中位收入比例法的相对贫困，金融能力能显著影响相对贫困，但金融能力发挥的作用不尽相同。东部地区金融能力的减贫效应要远远大于西部地区，西部地区金融能力所发挥的作用相对而言更有限，这是由于东部地区金融发展水平、金融供给程度都远超西部地区，其相对贫困程度也更低，金融支持的作用更为明显。而西部地区有相当一部分贫困是由于恶劣的自然条件造成的，对于这一原因导致的相对贫困金融支持的作用有限，应在一定的异地搬迁措施的基础上再进一步发挥金融支持的作用。而在中部地区和东北部地区这一效果却不明显。

表 7-8　东、中、西、东北部地区金融能力对相对贫困的影响

Variable	东部		中部		西部		东北部	
	(1)	(2)	(3)	(4)	(5)	(6)	(7)	(8)
Fstd	−2.1092*** (0.1831)	−2.3301*** (0.1792)	−0.6013* (0.3312)	−0.4973 (0.3101)	−0.6532*** (0.2103)	−0.8372*** (0.1993)	−0.4393 (0.4302)	−1.2102*** (0.4231)
Age	−0.0030 (0.0040)	−0.0049 (0.0038)	−0.0060 (0.0052)	−0.0136*** (0.0049)	−0.0055 (0.0042)	−0.0141*** (0.0040)	−0.0050 (0.0073)	−0.0059 (0.0071)
Age2	$3.84e^{-5}$ ($3.76e^{-5}$)	$7.30e^{-5}$** ($3.60e^{-5}$)	0.0001** ($4.91e^{-5}$)	0.0002*** ($4.62e^{-5}$)	$5.15e^{-5}$ ($4.13e^{-5}$)	0.0001*** ($3.89e^{-5}$)	$4.59e^{-6}$ ($6.99e^{-5}$)	$4.09e^{-5}$ ($6.79e^{-5}$)
Gender	0.1081*** (0.0249)	0.1143*** (0.0239)	0.0436 (0.0313)	0.0580** (0.0293)	0.0654** (0.0269)	0.0864*** (0.0255)	0.1073** (0.0418)	0.0963** (0.0404)
Edu	−0.0642*** (0.0120)	−0.1054*** (0.0118)	−0.1204*** (0.0180)	−0.1642*** (0.0170)	−0.1412*** (0.0129)	−0.2024*** (0.0125)	−0.1571*** (0.0238)	−0.1820*** (0.0237)
Party	−0.1473** (0.0597)	−0.2071*** (0.0603)	−0.0588 (0.0821)	−0.1274 (0.0795)	−0.1181 (0.0726)	−0.1273* (0.0705)	−0.0634 (0.1084)	−0.1524 (0.1111)
Marr	−0.2044*** (0.0476)	−0.2711*** (0.0463)	−0.3912*** (0.0602)	−0.4504*** (0.0568)	−0.2461*** (0.0483)	−0.2474*** (0.0467)	−0.2381*** (0.0837)	−0.2992*** (0.0836)
Health	−0.1024*** (0.0129)	−0.1122*** (0.0123)	−0.1292*** (0.0157)	−0.1704*** (0.0147)	−0.1144*** (0.0136)	−0.1241*** (0.0128)	−0.2004*** (0.0208)	−0.1904*** (0.0199)
Job	−0.1734*** (0.0276)	−0.0761*** (0.0265)	−0.1172*** (0.0342)	−0.0078 (0.0321)	−0.1242*** (0.0297)	−0.0132 (0.0284)	−0.2254*** (0.0464)	−0.0723 (0.0448)
Agri	−0.0305 (0.0331)	−0.1651*** (0.0332)	−0.1151** (0.0463)	−0.2484*** (0.0452)	−0.2282*** (0.0408)	−0.3732*** (0.0404)	0.1542*** (0.0589)	−0.0679 (0.0615)
lnGdp	−0.3732*** (0.0481)	−0.4201*** (0.0460)	−0.5983*** (0.1191)	−0.8382*** (0.1122)	0.1295** (0.0517)	0.0549 (0.0490)	−0.0746 (0.1811)	0.1131 (0.1752)
Constant	0.6542*** (0.1294)	1.0962*** (0.1244)	0.7764*** (0.2322)	1.6481*** (0.2192)	−0.0838 (0.1312)	0.5353*** (0.1244)	0.4984 (0.3384)	0.4831 (0.3283)
Observations	30,806	30,806	15,133	15,133	17,805	17,805	8,566	8,566

注：*、**、***分别表示在 10%、5%、1%水平下显著，括号内为稳健标准差。

7.3 金融能力影响相对贫困的个体行为效应研究

相比单纯地探究解释变量对被解释变量的相关研究，运用中介效应模型能更加深入地分析解释变量对被解释变量的影响过程和作用机制。中介效应最初起源于心理学研究，当考虑解释变量对被解释变量的影响时，如果解释变量是通过某一变量影响被解释变量，则称该变量为中介变量，整个过程称为中介效应。温忠麟等人提出了一个包含依次检验和 Sobel 检验的中介效应检验程序，该检验程序能较好地控制第一类错误率即弃真错误率和第二类错误率即存伪错误率，且能有效区分部分中介效应与完全中介效应。因此，本部分基于前文的研究假说与实证分析，进一步地使用这一中介效应检验程序分析居民金融能力对相对贫困的内在机理。

7.3.1 中介效应检验程序

根据中介效应的检验程序，设置以下三个方程式：

$$RP_i = \beta_0 + \beta_1 Fstd + \beta_2 X + \varepsilon \quad (i = 3,4) \tag{7-3}$$

$$Decision = \delta_0 + \delta_1 Fstd + \delta_2 X + \varepsilon \tag{7-4}$$

$$RP_i = \varphi_0 + \varphi_1 Fstd + \varphi_2 Decision + \varphi_3 X + \varepsilon \quad (i = 3,4) \tag{7-5}$$

其中，RP_i 表示在三种不同衡量标准下的贫困状况，$Fstd$ 表示金融能力，$Decision$ 表示金融决策，X 表示所有控制变量的集合，ε 为随机扰动项。具体检验程序如图 7-1 所示。

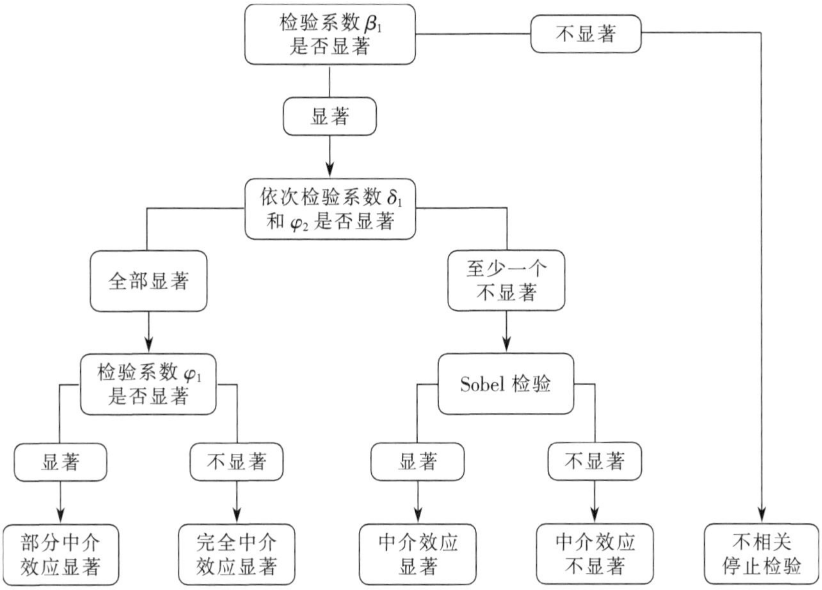

图 7-1　中介效应检验程序

7.3.2　金融能力对相对贫困的影响机理分析

根据以上中介效应的检验程序，首先对 β_1 的显著性进行了检验，β_1 所对应的（7-3）式已在表 7-5 中汇报，β_1 在基于绝对贫困乘数法的相对贫困和基于中位收入比例法的相对贫困衡量标准下均在 1% 水平下显著，因此进入对 δ_1 和 φ_2 的依次检验程序。δ_1 所对应的（7-4）式考察的是金融能力对金融决策的影响，考虑到仅用 OLS 结果存在不稳健性，同时运用 OLS 和 Tobit 模型进行回归估计，结果如表 7-9 所示。列（1）为 OLS 回归结果，列（2）为 Tobit 回归结果。回归结果显示，金融能力在 1%的显著性水平下正向影响金融决策，说明金融能力越高，风险资产占金融资产的比重越大。这一结果表明金融能力的提高可以加大居民参与金融市场的可能性，提高金融决策的有效性。在使用 Tobit 模型对数据进行处理后，居民金融能力仍在 1%的显著性水平下正向影响居民金融决策，足以证明结果的可信度较高，且通过两个模型的比较可以看出，模型（1）中金融能力的回归系数与模型（2）中的回归系数基本一致。

表 7-9　金融能力对金融决策的影响：OLS 和 Tobit 模型

Variables	(1)	(3)
Fstd	0.3732*** (0.0106)	0.3732*** (0.0106)
Age	0.0030*** (0.0002)	0.0030*** (0.0002)
Age2	$-1.95e^{-5}$*** ($2.61e^{-6}$)	$-1.95e^{-5}$*** ($2.61e^{-6}$)
Gender	−0.0087*** (0.0015)	−0.0087*** (0.0015)
Edu	0.0157*** (0.0006)	0.0157*** (0.0006)
Party	0.0143*** (0.0032)	0.0143*** (0.0032)
Marr	0.0130*** (0.0029)	0.0130*** (0.0029)
Health	0.0035*** (0.0008)	0.0035*** (0.0008)
Job	−0.0142*** (0.0018)	−0.0142*** (0.0018)
Agri	0.0008 (0.0021)	0.0008 (0.0021)
lnGdp	0.0116*** (0.0025)	0.0116*** (0.0025)
Constant	−0.2261*** (0.0075)	−0.2261*** (0.0075)
Observations	56，492	56，492

注：*、**、***分别表示在 10%、5%、1%水平下显著，括号内为稳健标准差。

表 7-10 汇报了金融能力、金融决策对基于绝对贫困乘数法的相对贫困和基于中位收入比例法的相对贫困的影响。列（1）为金融能力、金融决策对基于绝对贫困乘数法的相对贫困的影响，列（2）为其边际效应，列（3）为金融能力、金融决策对基于中位收入比例法的相对贫困的影响，列（4）为其边际效应。在

模型（1）至（4）的回归结果下，金融能力与金融决策均在 1%的显著性水平下影响贫困，由此证明回归系数 φ_1 和 φ_2 的显著性。综上，根据中介效应的检验程序，本部分首先对系数 β_1 进行检验，其结果为显著，由此进入下一步，分别检验 δ_1 和 φ_2 的显著性，其结果为全部显著，因此最后检验系数 φ_1 是否显著，结果同样为显著，由此得出中介效应的假说成立，且为部分中介效应。在此基础上，参考麦金农等人提出的方法测算中介效应占比。具体测算公式为：

$$Mediation\ Effect=\frac{\varphi_2\delta_1}{\varphi_2\delta_1+\varphi_1} \tag{7-6}$$

因此，对于两种不同的贫困状况衡量方式，金融决策的中介效应占比分别为 16.47%和 18.94%，这意味着金融能力对贫困发生的抑制作用有超过 15%来自金融决策，金融能力对相对贫困状况的影响可以通过提高金融决策而改善。

表 7-10　金融能力、金融决策对相对贫困的影响

Variables	(1)	(2)	(3)	(4)
Fstd	−1.1361*** (0.1221)	−0.1569*** (0.0169)	−1.2382*** (0.1182)	−0.1964*** (0.0186)
Decision	−0.6001*** (0.0722)	−0.0829*** (0.0099)	−0.7754*** (0.0781)	−0.1228*** (0.0124)
Age	−0.0022 (0.0027)	−0.0003 (0.0003)	−0.0075*** (0.0026)	−0.0011*** (0.0004)
Age2	$3.44e^{-5}$ ($2.58e^{-5}$)	$4.76e^{-6}$ ($3.57e^{-6}$)	0.0001*** ($2.45e^{-5}$)	0.0001*** ($3.88e^{-6}$)
Gender	0.0827*** (0.0166)	0.0114 (0.0022)	0.0868*** (0.0158)	0.0137*** (0.0025)
Edu	−0.1002*** (0.0081)	−0.0138*** (0.0011)	−0.1483*** (0.0079)	−0.0234*** (0.0012)
Party	−0.1321*** (0.0429)	−0.0182*** (0.0059)	−0.1624*** (0.0421)	−0.0257*** (0.0066)
Marr	−0.2632*** (0.0316)	−0.0363*** (0.0043)	−0.3064*** (0.0307)	−0.0485*** (0.0048)
Health	−0.1194*** (0.0084)	−0.0163*** (0.0011)	−0.1261*** (0.0079)	−0.0200*** (0.0012)

续表

Variables	(1)	(2)	(3)	(4)
Job	−0.1493*** (0.0183)	−0.0205*** (0.0025)	−0.0297* (0.0175)	−0.0047* (0.0027)
Agri	−0.0399* (0.0233)	−0.0055* (0.0032)	−0.1854*** (0.0233)	−0.0294*** (0.0037)
lnGdp	−0.1972*** (0.0271)	−0.0271*** (0.0037)	−0.2484*** (0.0258)	−0.0393*** (0.0041)
Constant	0.2374*** (0.0800)		0.6945*** (0.0767)	
Observations	56492	56492	56492	56492

注：*、**、***分别表示在10%、5%、1%水平下显著，括号内为稳健标准差。边际效应为平均边际效应的计算结果，括号内为Delta-method所得出的标准差。

本章小结

本章利用2017年中国家庭金融调查（CHFS）数据与宏观数据匹配，通过构建居民金融能力指数，运用Probit模型考察了金融能力对相对贫困的影响。为了解决模型中的内生性问题，本章使用对经济金融信息的关注度作为金融能力的工具变量，从而提高实证模型的精准性。通过对全国居民金融能力指数的比较来看，中国居民金融能力水平普遍偏低，并且农村地区平均金融能力水平远远低于城镇地区。从实证结果来看，无论是基于绝对贫困乘数法的相对贫困还是基于中位收入比例法的相对贫困，金融能力可以显著改善居民相对贫困状况，且金融能力对于城镇地区贫困状况的影响比农村地区更显著。随后，运用中介效应模型进一步分析金融能力对贫困影响的作用机理发现，金融能力可以通过提高金融决策从而缓解居民贫困状况，在两种不同的贫困状况衡量方式下，金融决策的中介效应占比分别为16.47%和18.94%，即金融能力越高，居民做出有效金融决策的可能性越高，从而加剧财富的积累，抑制相对贫困的发生。

第 8 章　金融支持巩固脱贫攻坚成果的总体思路与政策建议

回顾中国从改革开放以来对于欠发达地区减贫政策的演进，其路径是一个从开发式扶贫到地方性扶贫到精准扶贫再到巩固脱贫攻坚成果的过程。基于当前的政策战略及贫困地区的新特征以及新时期的社会发展现状，对于 2020 年后中国扶贫的新愿景有了新的判断。基于前文的理论分析和实证检验，本章从建立解决相对贫困长效机制视角阐述新时期解决中国相对贫困的金融支持手段的总体思路，为解决中国发展不平衡不充分问题、实现共同富裕提供政策参考。

8.1　相对贫困视角下金融支持巩固脱贫攻坚成果的总体思路

2020 年我国现行标准下的农村贫困人口全部脱贫，贫困县全部摘帽，区域性贫困的问题得到得到解决。然而，这一贫困目标的实现并不代表中国的贫困问题彻底解决。党的二十大明确提出，到 2035 年我国应实现中等收入群体比重明显提高，人的全面发展、全体人民共同富裕取得更为明显实质性进展的目标。全面脱贫后，新时期的减贫工作迎来了新的特征和新的挑战。针对经济基础薄弱地区的支持计划应着重关注中国经济社会发展走向的预测、制定新的相对贫困标准、城镇和乡村地区防返贫治理体系的统一规划以及金融体系的创新改革。2035 年中国新时期防返贫治理的体系将实现城乡一体化统筹实施，以基本公共服务均等化为方向，精准化防返贫目标，缩小城乡收入差距，实现脱贫地区人口平等的参与权、充分的收入权和全面的保障权。针对不同类型的贫困人群制定不同的防返贫目标，同时建立统一的返贫监测体系，保证政策性金融和商业性金融的可持续支持。

当前中国的收入分配格局已由“金字塔形”逐步演变为“葫芦形”的分布特征（陈宗胜和康健，2019）。“葫芦形”的收入分配格局揭示了中国社会的二元反差的严峻程度，说明中国社会中还远没有形成“橄榄形”格局所要求的中等收入阶层，中等收入阶层的比重还太小只是处于两个主体组的夹层中。这种“葫芦形”格局是由于中国特定的以户籍制度为特征的二元结构造成的，是在城乡收入差别过大、城乡户籍制度僵化、城市化落后于工业化下的一种畸形的两极结构（陈宗胜和高玉伟，2015）。

8.2 金融支持巩固脱贫攻坚成果的政策建议

8.2.1 构建动态调整的多层次相对贫困衡量体系

关注中国未来经济社会的发展、预测未来发展的走向是2020年后迈入扶贫新时期战略应该制定的前提。未来贫困水平、地理分布、扶贫重难点及经济投入都离不开中国经济社会发展条件作为基础。对中国经济社会发展的前瞻重点在于人口数量结构和重点地方产业的动态变化，用以掌握未来贫困人群和地区的分布情况，从而制定新的贫困标准。2020年后减贫工作将存在三个“转向”：一是减贫目标转向高质量贫困标准体系的建立；二是减贫方向转向城乡减贫联动推进；三是减贫动力转向内生发展与外部帮扶并进。在当前的城乡二元格局下，尽管城镇化质量明显改善，但城乡区域发展和收入分配差距较大，不能简单地将城镇与农村相对贫困线混为一谈。对于相对贫困的衡量方式，应以两阶段衡量为主要方向，在2035年城镇化率未超过70%之前，采取分城乡的动态调整相对贫困线；到2035年之后，城镇化率已超过70%的情况下，逐渐改变为实行城乡统筹的动态调整相对贫困线。

新时期扶贫战略的制定中，新的贫困标准如何制定是首先面临的问题。只有定制好合理、准确的贫困标准，才能精确估算未来贫困人口的规模、特征及分布，明确新时期扶贫工作的方向。在当前减贫目标已经基本实现的前提下，贫困标准的制定可遵循如下三个方面准则：第一，与绝对贫困标准有机衔接；第二，制定新的相对贫困标准；第三，制定多角度多维度的贫困标准。在 2020 年绝对贫困完全消除的现实背景下，对于消除绝对贫困的研究将转移到解决相对贫困。面对这一历史背景，中国应构建宏观层面与微观层面相结合的相对贫困衡量体系：第一，基于不受物价水平影响、能较好衡量地区发展差异的高质量夜间灯光数据测算地区相对贫困率；第二，将农村低保线与农村贫困线衔接，形成有机统一的相对贫困线，构建共享的信息平台。2020 年之后，在数据充分可得的基础上，相对贫困标准应是基于低保人数恒等法所计算出来的贫困率的 2～3 倍；第三，根据绝对贫困标准折合测算相对贫困标准，在贫困户的识别与扶贫政策的修订上保持前后的一致性。但是，绝对贫困乘数法并未将个体差异性考虑在内，且绝对贫困的衡量方式主要是针对农村居民，采用绝对贫困的乘数来确定相对贫困线缺乏对城市贫困的考虑。因此，这一方法适用于在绝对贫困向相对贫困转变过程中且尚未实现城乡一体化的情形，未来城乡一体化基本实现后，简单的绝对贫困乘数法将不再适用；第四，采用居民收入中位数的一定比例作为相对贫困线，并以 5 年为一调整周期。2021～2025 年保持居民中位收入的 40％不变，且每年随价格指数进行调整。2026～2030 年可进一步提高至中位收入的 45％，2031～2035 年为 50％，往后逐步趋向发达国家的 60％，实现与高收入国家接轨。

8.2.2　建立适应经济高质量发展和收入分配优化的现代金融服务体系

第一，促进金融发展，改善金融环境。引导与激励金融机构在业务拓展方面实现服务中小微企业与自身运行并重，完善贷款、信托、保险、担保和资产证券化等方面的产品服务，优化金融资源在城乡与地区之间的配置效率，消除金融资源流动壁垒。发挥市场在金融资源配置中的基础性作用，加快金融资源在省域、城乡、产业之间的流动效率，根据地理位置、资源禀赋、市场环境等区位条件合理布局金融中心，有效发挥金融服务实体经济能力，解决最优金融结构偏离所引致的收入不平等问题。对于金融创新，应该更加鼓励金融机构服务于农村地区小微企业的发展，扶持政策性金融和商业性金融，提高农村贫困地区金融服务的可得性。但对于基础服务设施较差的特别贫困地区，因其金融服务渗透率低，政策性金融扶持更应该重点关注该类地区，特别是收入较低的人群或者是小微金融创业就业。

第二，增加金融供给，实现产业扶持。首先，引导和规范非正规金融发展，进一步发挥非正规金融发展在缩小城乡收入差距方面的作用。具体而言，要从如下方面着手：一是进一步放开非正规金融，降低中小企业和农村居民寻求发展的金融约束，将非正规金融发展定位为金融发展的重要组成部分。二是降低金融准入门槛，允许达标的非正规金融组织登记注册，将非正规金融组织纳入监管范围，促使非正规金融规范化发展，加强非正规金融的制度建设，提高非正规金融的服务质量和水平。三是在规范化发展的基础上，推动非正规金融组织发展。鼓励农业农村领域开展有利于农村居民、农业企业发展的非正规金融活动，以解决农村地区金融服务不足的问题，发挥非正规金融组织缩小城乡收入差距的积极作用，缓解农村金融资源向城镇的单向流动趋势；同时，提高非正规金融服务中小企业发展的质量，促进中小企业快速发展，以吸纳更多农村劳动力。四是打击非正规金融的非法部分，并以制度形式固定下来，促进非正规金融有序发展。其次，破解城乡二元金融结构，完善金融市场体系，发挥正规金融对农村居民增收的作用，缩小城乡收入差距。要完善农村金融体系，实现农村金融对“三农”发展的有效支持和服务。创新和发展农村金融工具，满足“三农”发展的需求；拓宽农村金融资金来源，推进农村金融市场与农产品市场、农资市场相协调，共同促进“三农”发展。同时，应积极引导正规金融与非正规金融的合作和差异化发展，实现非正规金融与正规金融的融合对接。特别是在劳动收入分配占比较高的地区，更要发挥好正规金融的作用。

第三，加强金融能力，提升金融决策。普及金融教育，加强居民的金融知识和信用意识，使得弱势群体能够有效发挥金融跨期消费和风险规避的功能，延伸金融服务边界，从而促进金融需求的有效释放。提高农村劳动力人力资本水平，提升农村劳动力在劳动收入分配中的比重。通过政府培训机构、社会培训机构、市场咨询机构等平台，以现场培训、课堂讲座等形式，培育和提升农村劳动力的人力资本。培育乡土人才，构建学历教育、技能培训、实践锻炼等多维并举的人力资源开发机制，将农村劳动力资源培养成专业化人才，提高农村劳动力的就业能力和执业水平。

财政手段和金融手段都是减贫目标实现的重要支撑，新时期的扶贫战略需要对财政体系进行改革，首先，应该统筹当前的贫困治理体系，中国的财政分配在很多方面都有所割裂，这是首先应该破解的难题。其次，中国的财政支出多以支持贫困人口的基本生活需求为主，为了适应社会发展的需要，应该将财政支出转移到社会福利保障领域。最后，中国在许多公共服务领域上的财政扶贫之处有所不足，应改变当前的支出结构，加大对于农村地区的基础设施及公共服务支出，向城市服务水平靠拢。

除此之外，新时期扶贫战略不可或缺的核心内容是建立一个基本权利公平的社会保障体系。在之前中国的脱贫攻坚工作中，存在着一个没有被解决的短板问题，即进城务工的农民工群体的社会保障。只有构建城乡一体化统筹治理的社会保障体系，才能更有效地解决贫困问题，同样也是新时期扶贫战略的核心内容，即帮助务工农民市民化，城市更加深层次化，在这个过程中也能实现乡村振兴的要求。构建一个城乡统筹的社会保障体系，其具体措施有如下几点：首先，构建能覆盖全社会的保障和共享体系，有效覆盖农民工在内的特殊人群的社会保障覆盖面；其次则是提高医疗教育以及农村地区养老的社会保障水平；再次，要重点关注贫困人口的基本社会保障，如教育，医疗，住房等与生活联系密切的部分，完善专项保障制度。最后，社会重点关注的特殊人群，如残疾人、儿童和老人，在贫困地区更应该制定儿童教育、生活健康、老人护理等相关的救助政策。

8.2.3　实现巩固拓展脱贫攻坚成果同乡村振兴的有效衔接

打赢脱贫攻坚战、全面建成小康社会后，要在巩固拓展脱贫攻坚成果的基础上，接续推进脱贫地区发展和低收入群体生活水平提升，实现巩固拓展脱贫攻坚成果同乡村振兴有效衔接。从解决建档立卡贫困人口“两不愁三保障”为重点转向实现乡村产业兴旺、生态宜居、乡风文明、治理有效、生活富裕，从集中资源支持脱贫攻坚转向巩固拓展脱贫攻坚成果和全面推进乡村振兴。

建设社会主义现代化强国、实现中华民族伟大复兴中国梦需要产业化、城镇化与乡村振兴“三轮驱动”共同发力。城乡发展不平衡、农业农村发展不充分，使得“三轮驱动”动力失衡，不可持续而难以为继，这就需要制定专项政策推动脱贫攻坚，进而实现乡村振兴。贫困问题根源在于权利配置不合理，具体体现为权利载体“人”所受到的限制，对应经济活动则主要体现为人的要素的价值认可。目前，二元经济体制下，农民身份受到户籍限制，农业实际从业人员受到技术、资本等要素限制等，土地分散化、碎片化及农村人才流失等，使得土地、劳动力与资本要素配置失衡等，造成农村经济单一、农业基础薄弱、农民生活贫困问题。脱贫攻坚设定目标是，到2020年稳定实现农村贫困人口不愁吃、不愁穿，农村贫困人口义务教育、基本医疗、住房安全有保障；同时实现贫困地区农民人均可支配收入增长幅度高于全国平均水平、基本公共服务主要领域指标接近全国平均水平。打好精准脱贫攻坚战是现阶段实施乡村振兴战略的优先任务，乡村振兴则是脱贫攻坚目标实现后的进一步升华；乡村振兴则是在“脱贫”基础上的全面发展的更高级阶段，有效衔接和转型的方向就是从低级向高级、从特殊群体到整个农村居民、从阶段性福利到正常化制度转变，最终走出一条中国特色社会主义的乡村振兴之路。从脱贫攻坚到乡村振兴的有效衔接与转型，根本上是要充分发挥农民群众的积极性，并使发展成果惠及全体农民。具体是在保证农村土地所有制不变、农业农村基本经济制度不变的前提下，考虑农地红线约束、农业年产收入、要素流动约束、贫困收入警戒线等，推动土地“三权分置”、完善要素集合体——“人”之平等的参与权、共享的收入权和充分的保障权等权利体系，解放“户籍农民”、引入或培育新主体等，使土地、资本、劳动力、技术等要素参与农业农村经济（包括适度规模经营的现代化农业及涉农服务业与制造业等）生产环节获得财产性收入、经营性收入与工资性收入，促进乡村人才振兴、产业振兴、生态振兴与文化振兴；同时，应当从强化新型职业农民职业属性、淡化户籍身份属性着手，加强产业扶持、财政补贴、金融保险、人才激励、社会保障等政策支持和机制保障，让农业农村经济有钱赚、有保障，还要充分发挥村支两委组织管理功能，推动集体经济或集体参股经济发展及公共服务均等化等，实现乡村组织振兴、人才振兴与生态振兴等。

本章小结

本章结合前文理论分析与实证检验，在明确金融支持解决相对贫困总体思路的基础上，从构建动态调整的多层次相对贫困衡量体系、建立适应经济高质量发展和收入分配优化的现代金融服务体系以及实现巩固拓展脱贫攻坚成果同乡村振兴有效衔接三方面提出金融支持解决中国相对贫困的政策建议，建立金融支持巩固脱贫攻坚成果、解决相对贫困的长效机制。

结论和展望

本书从“什么是相对贫困?”“为何要用金融支持解决相对贫困?”“金融支持能解决相对贫困吗?”以及“金融支持是如何解决相对贫困的?”这四个问题出发，从相对贫困内涵的新角度，为“建立解决相对贫困长效机制”提供金融支持。首先，通过对现有研究进行归纳和梳理，发现其主要研究的聚焦点和不足，明确本书的研究重点。其次，通过对贫困治理以及金融支持反贫困的发展历程进行跟踪，运用多种方法对中国相对贫困进行测度。再次，根据理论分析所提出的金融发展、金融供给与金融能力，检验其对相对贫困的影响并分析金融发展、金融供给、金融能力解决相对贫困的环境优化效应、产业扶持效应、个体行为效应。最后，基于研究发现，提出金融支持解决中国相对贫困的政策建议。

本书研究主要得到以下结论：

第一，分别从宏观层面和微观层面运用夜间灯光指数法和低保人数恒等法，绝对贫困乘数法和中位收入比例法对相对贫困程度进行衡量。从宏观层面来看，基于DMSP-OLS的夜间灯光指数法和基于NPP-VIIRS的夜间灯光指数法均能较好地对全国各省（市、自治区）的相对贫困程度进行衡量，无论是基于DMSP-OLS的夜间灯光指数法还是基于NPP-VIIRS的夜间灯光指数法，均能得到一致的结论，相对贫困程度最低的省（市、自治区）是上海市，最高的是西藏自治区。基于低保人数恒等法的相对贫困衡量区分了城镇相对贫困与农村相对贫困，从其测度结果可以发现，城镇相对贫困问题仍然严峻，不容忽视。从微观层面来看，基于绝对贫困乘数法的相对贫困率与基于中位收入比例法的相对贫困率对中国29省（市、自治区）（除西藏自治区、新疆维吾尔自治区）的相对贫困率进行衡量，都得到了东部地区的相对贫困程度远远低于中部、西部、东北部地区，且在当前城乡差距较大的背景下将城镇与农村分别讨论的基于中位收入比例法的衡量方式更为科学严谨。

第二，通过构建2012～2018年中国31个省（市、自治区）的面板数据，运用计量模型实证检验金融发展解决中国相对贫困的直接作用，将系统GMM（SYS-GMM）估计值与固定效应估计（FE）和混合OLS（Pooled OLS）估计值进行比较，从而确定使用SYS-GMM估计的有效性。从SYS-GMM估计结果来看，基于夜间灯光指数法的相对贫困率滞后项和基于低保人数恒等法的相对贫困率滞后项均呈现高度显著的特征，说明相对贫困具有持续性，前一期的相对贫困状况能够明显影响到后期的相对贫困状况。金融发展规模和信贷环境均显著为负，可知金融发展和信贷环境优化为解决相对贫困的有效因素。随后将金融发展对相对贫困的影响从城乡角度进行异质性分析，发现了城乡之间的差异较大，并从环境优化效应检验金融发展影响相对贫困的作用机制。其次，尝试从空间溢出视角出发，构建2012～2018年中国31个省（市、自治区）的空间面板数据集和空间邻接矩阵，运用因子分析法从普惠金融渗透性、普惠金融效用性和普惠金融可持续性三个维度确定普惠金融发展水平评价指标体系，计算普惠金融指数，采用空间Durbin模型分析并检验普惠金融发展水平对相对贫困的影响，获得了丰富、完整的结果。估计结果表明，在控制了政府支出、产业结构、城镇化水平、消费水平和对外开放程度等因素之后，一个地区普惠金融发展水平对解决相对贫困有显著的促进作用。同时，邻近城市的普惠金融发展水平具有显著的空间溢出效应。普惠金融不仅通过提高收入、促进经济增长、提高自有资本缓解贫困，而且还通过溢出效应显著降低周边城市的相对贫困率。

第三，分别检验正规金融供给和非正规金融供给对相对贫困的解决效应，无论是基于绝对贫困乘数法的相对贫困还是基于中位收入比例法的相对贫困，正规金融供给与非正规金融供给的系数均在1%的显著性水平下通过假设检验，且符号为负，说明正规金融供给和非正规金融均能有效解决相对贫困；其次，通过正规金融和非正规金融供给的交互项探索正规金融和非正规金融的替代或互补作用。从回归结果来看，无论是基于绝对贫困乘数法的相对贫困还是基于中位收入比例法的相对贫困，正规金融和非正规金融交互项的回归系数显著影响相对贫困，且符号为正，说明正规金融供给与非正规金融供给之间存在明显的交互作用，这一交互作用表现为互补作用，且无论是农村地区还是城镇地区，正规金融供给与非正规金融供给之间均表现为互补作用；最后，通过中介机制检验正规金融供给和非正规金融供给通过产业扶持效应从而解决相对贫困。通过中介效应检验程序可知，正规金融和非正规金融供给均能通过产业扶持解决相对贫困，正规金融供给和非正规金融供给解决基于绝对贫困乘数法的相对贫困中介效应占比分别为5.17％和9.92％，解决基于中位收入比例法的相对贫困中介效应占比分别为5.58％和11.71％，从而证明了金融供给解决中国相对贫困的产业扶持效应。

第四，中国居民金融能力水平普遍偏低，并且农村地区平均金融能力水平远远低于城镇地区。无论是基于绝对贫困乘数法的相对贫困还是基于中位收入比例法的相对贫困，金融能力可以显著改善居民相对贫困状况，且金融能力对于城镇地区贫困状况的影响比农村地区更显著。随后，运用中介效应模型进一步分析金融能力对贫困影响的作用机理发现，金融能力可以通过提高金融决策从而缓解居民贫困状况，在两种不同的贫困状况衡量方式下，金融决策的中介效应占比分别为16.47％和18.94％，即金融能力越高，居民做出有效金融决策的可能性越高，从而加剧财富的积累，抑制相对贫困的发生。

诚然，本书的研究获得了一些发现和结论，但仍存在较大的完善和进步空间。由于统计数据的局限和统计口径的不一致，本书所研究的时间跨度不长，并不能对改革开放以来甚至新中国成立以来的相对贫困状况加以衡量，这也是未来应努力的方向，尝试利用相应的统计和计量方法，构建改革开放以来的具有可比较性的相对贫困率。另外，本书提出的相对贫困的识别测度方法未经实践检验，仍需要不断发展和完善。展望未来，相对贫困问题仍将长期存在，解决不平衡不充分发展的任务仍很艰巨，仍然离不开金融的全面而深入的参与，以实现全体人民的共同富裕。

参考文献

[1] Townsend, P. Poverty in the Kingdom: a Survey of the Household Resources and Living Standard, London, Allen Lane and Pengun Books, 1979.

[2] Aghion P. and Bolton P. A Theory of Trickle-Down Growth and Development [J], The Review of Economic Studies, 1997, 64 (2): 151-172.

[3] Aghion, P. and Bolton. A Trickle- Down Theory of Growth and Development with Debt-overhang [J]. Review of Economic Studies, 1997 (64).

[4] Aldashev G., Navarra C. Development NGOs: Basic Facts, Annals of Public & Cooperative Economics, 2018: 89.

[5] Atkinson, A., S. Mckay, H. Kempson, S. B. Collard. Levels of Financial Capability in the UK: Results of a Baseline Survey. England: Financial Services Authority, 2006.

[6] Banerjee, A. V. and A. F. Newman. Occupational Choice and the Process of Development, Journal of Political Economy, 1993, 101 (2).

[7] Bardhan P, Mookherjee D. Decentralizing antipoverty program delivery in developing countries [J]. Journal of Pubilic Economics, 2005, 89 (4): 675-704.

[8] Beck T, Demirguc-Kunt A, Peria M S M. Reaching Out: Access to and Use of Banking Services Across Countries [J]. Journal of Financial Eco-

nomics, 2007, 85 (1): 234-266.

[9] Beck U, Williams J. Conversations with Ulrich Beck [M]. Cambridge: Polity Press, 2004.

[10] Brueckner J K, Fansler D A. The Economics of Urban Sprawl: Theory and Evidence on the Spatial Sizes of Cities [J]. Review of Economics & Statistics, 1983, 65 (3): 479-482.

[11] Burgess, R. and Pande, R. Do Rural Banks Matter? Evidence from the Indian Social Banking Experiment. CMPO Working Paper Series No. 04-104, 2003.

[12] Chamber. R. Poverty and livelihood: who de realitu counts? Economic Review 11, 1995 (2).

[13] Chantarat, S. and C. Barrett. Social network capital, economic mobility and poverty traps, Journal ofEconomic Inequality, 2011: 1-44.

[14] Claessens, S., Feijen, E. Financial Sector Development and the Millennium Development Goals [R]. World Bank Working Paper, 2006: 89.

[15] Clark, R., A. Lusardi, O. S. Mitchell. Financial knowledge and 401 (k) investment performance: a case study, Journal of Pension Economics & Finance, 2015, 1 (5): 1-24.

[16] Cleaver, F. The Inequality of Social Capital and the Reproduction of Chronic Poverty, World Development, 2005, 33 (6), pp. 893-906.

[17] Coady, David, Grosh, Margaret, and Hoddinott, John. Targeting of Transfers in Developing Countries: Review of Lessons and Experience, Working Paper, 2004.

[18] Dollar, D., and A. Kraay. Growth Is Good for the Poor, World Bank working paper, 2000.

[19] Dollar, D., Kraay, A. Growth is good for the poor. Journal of Monetary Economics, 2002.

[20] Elvidge C D, Sutton P C, Ghosh T, et al. A global poverty map derived

from satellite data [J]. Computers & Geoences, 2009, 35 (8): 1652-1660.

[21] Faguet J. Does decentralization increase government responsiveness to local needs?: Evidence from Bolivia [J]. Journal of Public Economics, 2004, 88 (3-4): 867-893.

[22] Gao, Q., I. Garfinkel, and F. Zhai. Anti-poverty Effectiveness of the Minimum Living Standard Assitance Policy in Rural China. Review of Income and Wealth, 2009, 55 (1): 630-655.

[23] Gauri V., Galef J. NGOs in Bangladesh: Activities, resources, and governance, world development, 2005, 33 (12): 2045-2065.

[24] Greenwood, J. and B. Jovanovic, Financial Development, Growth, and the Distribution of Income, Journal of Political Economy, 1990, 98 (5): 1076-1107.

[25] Gustafsson, B., and Q. Deng. Social Assistance Receipt and Its Importance for Combating Poverty in Urban China. IZA Discussion Paper No. 2758, 2007.

[26] Hansen B E. Threshold effects in non-dynamic panels: Estimation, testing, and inference [J]. Journal of Econometrics, 1999, 93 (2): 345-368.

[27] Jeanneney S G, Kpodar K. Financial Development, Financial Instability and Poverty [R]. CSAE Working Paper Series, 2005.

[28] Jeanneney, S. G. and Kpodar, K. Financial Development and Poverty Reduction: Can There be a Benefit without a Cost?. The Journal of Development Studies, 2011 (1).

[29] Kakwani, N., E. Pernia. What is Pro-Poor Growth? Asian Development Review, 2000, 18 (1), 1-16.

[30] Lee, D. R. The Trade-off between Equality and Efficiency: Short-run Politics and Long-run Realities, Public Choice, 1987 (53): 149-65.

[31] Leeladhar S V. Taking Banking Services to the Common Man Financial Inclusion [C]. Reserve Bank of India Working Papers, 2006.

[32] Levin A, Lin C F, Chu C S J. Unit Root Tests in Panel Data: Asymptotic and Finite-sample Properties [J]. Journal of Econometrics, 2002, 108 (1): 1-24.

[33] Lin, N. Social Capital: A Theory of Social Structure and Action. New York: Cambridge University Press, 2001.

[34] Lusardi, A., O. S. Mitchell. Financial Literacy and Retirement Planning: New Evidence from the Rand American Life Panel, Social Science Electronic Publishing, 2007.

[35] Monticone, C. How Much Does Wealth Matter in the Acquisition of Financial Literacy? Journal of Consumer Affairs, 2010, 44 (2): 403-422.

[36] Navajas, Schreiner, Meyer. Microcredit and the Poorest of the Poor: Theory and Evidence from Bolivia, World Development, 2000.

[37] Noor A M, Alegana V A, Gething P W, et al. Using remotely sensed night-time light as a proxy for poverty in Africa [J]. Population Health Metrics, 2008, 6 (1): 5.

[38] Ostrom E. Beyond Markets and States: Polycentric Governance of Complex Economic Systems, The American Economic Review, 2010, 100 (3): 641-672.

[39] Pace R K, Lesage J P. Omitted Variable Biases of OLS and Spatial Lag Models [M]. Germany: Progress in Spatial Analysis. 2009: 17-28.

[40] Putnam, R. D., R. Leonardi and R. Y. Nanetti. Making Democracy Work: Civic Traditions in Modern Italy. Princeton, NJ: Princeton University Press, 1993.

[41] Ravallion, M. How Relevant Is Targeting to the Success of an Antipoverty Program. World Bank Research Observer, 2009, 24 (2): 205-231.

[42] Reka Sundaram-Stukel. Three essays on reputation effects in rural credit

markets：a Honduran case study，University of Wisconsin-Madison，PHD，UMI Microform，2005

［43］Rozelle，S. Rural Industrialization and Increasing Inequality：Emerging Patterns in China's Reforming Economy，Journal of Comparative Economics，1994，19（3）：362-391.

［44］Sarma M. Index of Financial Inclusion ［C］. Indian Council for Research on International Economic Relations New Delhi Working Papers，2010.

［45］Sato，H. The Impact of Village-Specific Factors on Household Income in Rural China：an Empirical Study Using the 2002 CASS CHIP Survey，in-Discussion Papers 2006-09，Graduate School of Economics，Hitotsubashi University，2006.

［46］Sherraden，M. Building Blocks of Financial Capability，England：Oxford University Press，2013.

［47］Solow，Robert. A Contribution to the Theory of Economic Growth. Quarterly Journal of Economics，1956，70（1）.

［48］Son，Hyun，and Nanak Kakwani. Global Estimates of Pro-poor Growth，World Development，2008，36（6），1048-1066.

［49］U. S. Census Bureau. Income，Poverty and Health Insurance Coverage in the United States：2018 ［R］. U. S.：2019.

［50］Vivien Kappel. The effects of financial development on income inequality and porerty ［R］. Center of Economic Research at ETH Zurich，Working Papers，2010，10/127.

［51］阿玛蒂亚·森. 贫困与饥荒 ［M］. 王宇，王文玉，译. 商务印书馆，2009.

［52］蔡洋萍. 湘鄂豫中部三省农村普惠金融发展评价分析 ［J］. 农业技术经济，2015（2）：42-49.

［53］蔡则祥，杨雯. 普惠金融与金融扶贫关系的理论研究 ［J］. 经济问题，2019（10）：26-31＋86.

［54］曹子坚. 农村反贫困战略研究 ［M］. 甘肃：甘肃人民出版社，2011.

[55] 曾康霖. 农村金融制度安排必须审时度势 [J]. 管理世界，2008 (01)：173-174.

[56] 车四方，谢家智，姚领. 社会资本、农村劳动力流动与农户家庭多维贫困 [J]. 西南大学学报（社会科学版），2019，45 (02)：61-73+196.

[57] 陈华帅，曾毅. "新农保"使谁受益：老人还是子女？ [J]. 经济研究，2013，48 (08)：55-67+160.

[58] 陈菁，孔祥智，贺达水. 经济增长与中国农村贫困：基于交易权利的分析 [J]. 贵州财经大学学报，2015 (06)：90-98.

[59] 陈宗胜，高玉伟. 论我国居民收入分配格局变动及橄榄形格局的实现条件 [J]. 经济学家，2015 (01)：30-41.

[60] 陈宗胜，康健. 中国居民收入分配"葫芦型"格局的理论解释——基于城乡二元经济体制和结构的视角 [J]. 经济学动态，2019 (01)：3-14.

[61] 陈宗胜，沈扬扬，周云波. 中国农村贫困状况的绝对与相对变动——兼论相对贫困线的设定 [J]. 管理世界，2013 (01)：67-75+77+76+187-188.

[62] 程杰. 社会保障对城乡老年人的贫困削减效应 [J]. 社会保障研究，2012 (03)：52-66.

[63] 程令国，张晔，刘志彪. "新农保"改变了中国农村居民的养老模式吗? [J]. 经济研究，2013，48 (8)：42-54.

[64] 程名望，史清华，Jin Yanhong，盖庆恩. 农户收入差距及其根源：模型与实证 [J]. 管理世界，2015 (7)：17-28.

[65] 仇荀. 马克思主义贫困理论及当代中国贫困治理实践研究 [D]. 吉林大学，2016.

[66] 储德银，赵飞. 财政分权、政府转移支付与农村贫困——基于预算内外和收支双重维度的门槛效应分析 [J]. 财经研究，2013，39 (09)：4-18.

[67] 崔艳娟，孙刚. 金融包容、金融稳定与贫困减缓——基于 ARDL-ECM 模型的估计 [J]. 商业研究，2015 (06)：59-68.

[68] 单德朋. 教育效能和结构对西部地区贫困减缓的影响研究 [J]. 中国人口科学，2012 (5)：84-94.

[69] 丁冬，王秀华，郑风田. 社会资本、农户福利与贫困——基于河南省农户调查数据 [J]. 中国人口·资源与环境，2013，23 (07)：122-128.

[70] 丁志国，谭伶俐，赵晶. 农村金融对减少贫困的作用研究. 农业经济问题，2011 (11)：72-77.

[71] 杜凤莲，孙婧芳. 经济增长、收入分配与减贫效应—— 基于1991—2004年面板数据的分析 [J]. 经济科学，2009，(3).

[72] 杜强，潘怡. 普惠金融对我国地区经济发展的影响研究——基于省际面板数据的实证分析 [J]. 经济问题探索，2016 (3)：178-184.

[73] 杜晓山. 小额信贷的发展与普惠性金融体系框架 [J]. 中国农村经济，2006 (8)：70-73.

[74] 杜兴洋，杨起城，邵泓璐. 金融精准扶贫的绩效研究——基于湖南省9个城市农村贫困减缓的实证分析 [J]. 农业技术经济，2019 (04)：84-94.

[75] 符钢战，韦振煜，黄荣贵. 农村能人与农村发展 [J]. 中国农村经济，2007 (03)：38-47.

[76] 傅鹏，张鹏. 农村金融发展减贫的门槛效应与区域差异——来自中国的经验数据 [J]. 当代财经，2016 (06)：55-64.

[77] 高梦滔，毕岚岚. 村干部知识化与年轻化对农户收入的影响：基于微观面板数据的实证分析 [J]. 管理世界，2009 (07)：77-84+92.

[78] 高强，孔祥智. 论相对贫困的内涵、特点难点及应对之策 [J]. 新疆师范大学学报（哲学社会科学版），2020，41 (03)：120-128+2.

[79] 公丕明，公丕宏. 精准扶贫脱贫攻坚中社会保障兜底扶贫研究 [J]. 云南民族大学学报（哲学社会科学版），2017，34 (06)：89-96.

[80] 龚沁宜，成学真. 数字普惠金融、农村贫困与经济增长 [J]. 甘肃社会科学，2018 (06)：139-145.

[81] 顾宁，张甜. 普惠金融发展与农村减贫：门槛、空间溢出与渠道效应 [J]. 农业技术经济，2019 (10)：74-91.

[82] 郭田勇，丁潇. 普惠金融的国际比较研究——基于银行服务的视角 [J]. 国际金融研究，2015，339 (2)：55-64.

[83] 郭云南，姚洋，Jeremy Foltz. 宗族网络与村庄收入分配 [J]. 管理世界，2014 (1).

[84] 郭之天，陆汉文. 相对贫困的界定：国际经验与启示 [J]. 南京农业大学学报（社会科学版），2020，20 (04)：100-111.

[85] 韩华为，高琴. 中国农村低保制度的保护效果研究——来自中国家庭追踪调查（CFPS）的经验证据 [J]. 公共管理学报，2017，14 (02)：81-96+156-157.

[86] 韩华为，徐月宾. 中国农村低保制度的反贫困效应研究——来自中西部五省的经验证据 [J]. 经济评论，2014 (06)：63-77.

[87] 何雄浪，杨盈盈. 金融发展与贫困减缓的非线性关系研究——基于省级面板数据的门限回归分析 [J]. 西南民族大学学报（人文社科版），2017，38 (04)：127-133.

[88] 洪正. 新型农村金融机构改革可行吗？——基于监督效率视角的分析 [J]. 经济研究，2011，46 (02)：44-58.

[89] 胡兵，赖景生，胡宝娣. 经济增长、收入分配与贫困缓解——基于中国农村贫困变动的实证分析 [J]. 数量经济技术经济研究，2007 (05)：33-42.

[90] 胡金焱. 民间借贷、社会网络与贫困脆弱性 [J]. 山东师范大学学报（人文社会科学版），2015，60 (04)：17-27.

[91] 胡振，臧日宏. 金融素养过度自信影响股票市场参与吗？——基于中国城镇家庭的微观数据 [J]. 北京工商大学学报（社会科学版），2016，31 (06)：101-111.

[92] 胡宗义，罗柳丹. 小额信贷缓减农村贫困的效用研究——基于面板模型的分析 [J]. 财经理论与实践，2016，37 (03)：10-15.

[93] 胡宗义，唐李伟，苏静. 农村正规金融与非正规金融的减贫效应——基于PVAR模型的经验分析 [J]. 统计与信息论坛，2014，29 (11)：52-58.

[94] 黄清峰. 社会保障支出与农村贫困减少动态关系的实证检验 [J]. 统计与决策，2013 (19)：102-104.

[95] 霍鹏，张静宜，彭楚乔，崔海兴，2016. 社会互动与信任对农民参与“新

农保”行为的影响研究——基于 CGSS2010 调研数据的实证分析 [J]. 农业技术经济，(06)：68-76.

[96] 贾俊雪，秦聪. 农村基层治理、专业协会与农户增收 [J]. 经济研究，2019，54 (09)：123-140.

[97] 焦克源，陈晨. 社会资本对农村贫困代际传递影响机制研究 [J]. 中国人口·资源与环境，2020，30 (04)：166-176.

[98] 解垩. 公共转移支付对再分配及贫困的影响研究 [J]. 经济研究，2017，52 (09)：103-116.

[99] 解垩. 公共转移支付与老年人的多维贫困 [J]. 中国工业经济，2015 (11)：32-46.

[100] 康书隆，余海跃，王志强，2017. 基本养老保险与城镇家庭消费：基于借贷约束视角的分析 [J]. 世界经济，40 (12)：165-188.

[101] 匡远配，汪三贵. 中国民间组织参与扶贫开发：比较优势及发展方向 [J]. 岭南学刊，2010 (03)：89-94.

[102] 匡远配. 中国民间组织参与扶贫开发：现状以及发展方向 [J]. 贵州社会科学，2010 (06)：82-88.

[103] 李丹，裴育，陈欢. 财政转移支付是“输血”还是“造血”——基于国定扶贫县的实证研究 [J]. 财贸经济，2019，40 (06)：22-39.

[104] 李建军，韩珣. 普惠金融、收入分配和贫困减缓——推进效率和公平的政策框架选择 [J]. 金融研究，2019 (03)：129-148.

[105] 李栗. 收入分配差距的贫困度研究 [D]. 辽宁大学，2012.

[106] 李明贤，叶慧敏. 普惠金融与小额信贷的比较研究 [J]. 农业经济问题，2012 (9)：46-51+113.

[107] 李齐云，席华. 新农保对家庭贫困脆弱性的影响——基于中国家庭追踪调查数据的研究 [J]. 上海经济研究，2015 (07)：46-54.

[108] 李盛基，吕康银，朱金霞. 财政支出、经济增长与农村贫困——基于1990—2008 年时间序列数据的实证分析 [J]. 东北师大学报（哲学社会科学版），2014 (03)：100-104.

[109] 李涛，徐翔，孙硕. 普惠金融与经济增长 [J]. 社会科学文摘，2016 (4)：1-16.

[110] 李小云，徐进，于乐荣. 中国减贫四十年：基于历史与社会学的尝试性解释 [J]. 社会学研究，2018，33 (06)：35-61+242-243.

[111] 李晓嘉，蒋承，胡涟漪. 民生性财政支出对我国家庭多维贫困的影响研究 [J]. 数量经济技术经济研究，2019，36 (11)：160-177.

[112] 李扬，王国刚，刘煜辉：《中国城市金融生态环境评价》，人民出版社，2005 年

[113] 李永友，沈坤荣. 财政支出结构、相对贫困与经济增长 [J]. 管理世界，2007 (11)：14-26+171.

[114] 李珍，赵青，2015. 我国城镇养老保险制度挤进了居民消费吗？——基于城镇的时间序列和面板数据分析 [J]. 公共管理学报，12 (4)：102-110+158.

[115] 梁青青. 政府行为、金融环境与区域创业差距——基于中国省际面板数据的实证分析 [J]. 重庆大学学报（社会科学版），2020，26 (02)：17-30.

[116] 梁双陆，刘培培. 数字普惠金融与城乡收入差距 [J]. 首都经济贸易大学学报，2019，21 (01)：33-41.

[117] 林本喜，王永礼. 农民参与新农保意愿和行为差异的影响因素研究——以福建省为例 [J]. 财贸经济，2012 (07)：29-38.

[118] 林建，廖杉杉. 民族地区财政金融政策的反贫困效应研究 [J]. 中国人口·资源与环境，2014，24 (09)：110-117.

[119] 林毅夫. 农民增收要有新思路 [J]. 江苏农村经济，2008 (06)：26-27.

[120] 刘彬彬，陆迁，李晓平. 社会资本与贫困地区农户收入——基于门槛回归模型的检验 [J]. 农业技术经济，2014 (11)：40-51.

[121] 刘芳，刘明，郭锋航. 金融发展规模、效率与县区反贫困研究——基于陕西省 50 个国定贫困县的系统广义距估计 [J]. 统计与信息论坛，2015，30 (08)：42-48.

[122] 刘锦怡，刘纯阳. 数字普惠金融的农村减贫效应：效果与机制 [J]. 财经论丛，2020 (01)：43-53.

［123］刘明慧，侯雅楠．财政精准减贫：内在逻辑与保障架构［J］．财政研究，2017（07）：9-22.

［124］刘牧．当代中国农村扶贫开发战略研究［D］．吉林大学，2016.

［125］刘穷志．转移支付激励与贫困减少——基于 PSM 技术的分析［J］．中国软科学，2010（09）：8-15.

［126］刘欣．内生偏好与社会规范：脱贫内生动力的双重理论内涵［J］．南京农业大学学报（社会科学版），2020，20（01）：33-40.

［127］刘一伟．社会保障支出对居民多维贫困的影响及其机制分析［J］．中央财经大学学报，2017（07）：7-18.

［128］刘玉安，徐琪新．从精准扶贫看完善农村社会保障制度的紧迫性［J］．东岳论丛，2020，41（02）：74-82.

［129］刘玉龙，任国良，蔡宏波．“螺旋式”“双重”分权模式下的产业结构升级研究［J］．中国社会科学院研究生院学报，2014（01）：45-52.

［130］刘长庚，韩雷：市场经济的性质［J］．湘潭大学学报（哲学社会科学版），2012（02）.

［131］卢洪友，杜亦譞．中国财政再分配与减贫效应的数量测度［J］．经济研究，2019，54（02）：4-20.

［132］卢盼盼，张长全．中国普惠金融的减贫效应［J］．宏观经济研究，2017（08）：33-43.

［133］卢学晖．城市社区精英主导自治模式：历史逻辑与作用机制［J］．中国行政管理，2015（08）：94-99.

［134］鲁钊阳，李树．农村正规与非正规金融发展对区域产业结构升级的影响［J］．财经研究，2015，41（09）：53-64.

［135］罗楚亮．经济增长、收入差距与农村贫困［J］．经济研究，2012，47（02）：15-27.

［136］罗家德，李智超．乡村社区自组织治理的信任机制初探——以一个村民经济合作组织为例［J］．管理世界，2012（10）：83-93＋106.

［137］吕勇斌，赵培培．我国农村金融发展与反贫困绩效：基于 2003—2010 年

的经验证据［J］．农业经济问题，2014，35（01）：54-60＋111．
［138］马斌．农村社会养老保险的现状、问题及对策［J］．中国农村经济，2001（08）：55-60．
［139］毛伟，李超，居占杰．经济增长、收入不平等和政府干预减贫的空间效应与门槛特征［J］．农业技术经济，2013（10）：16-27．
［140］宁吉喆．实施脱贫攻坚工程［J］．宏观经济管理，2015（12）：4-6．
［141］曲天军．非政府组织对中国扶贫成果的贡献分析及其发展建议［J］．农业经济问题，2002（09）：27-30．
［142］申静，陈静．村庄的“弱监护人”：对村干部角色的大众视角分析——以鲁南地区农村实地调查为例［J］．中国农村观察，2001（05）：53-61＋81．
［143］沈丹，周亮，王培安．基于夜间灯光数据的六盘山连片特困区贫困空间分异特征分析［J］．遥感信息，2018，33（04）：42-48．
［144］沈扬扬．经济增长与不平等对农村贫困的影响［J］．数量经济技术经济研究，2012，29（08）：19-34．
［145］盛伟，廖桂蓉．深度贫困地区经济增长的空间关联与减贫的外溢效应——以西藏和四省藏区为例［J］．财经科学，2019（02）：63-73．
［146］师荣蓉，徐璋勇，赵彦嘉．金融减贫的门槛效应及其实证检验——基于中国西部省际面板数据的研究［J］．中国软科学，2013（03）：32-41．
［147］石新中．论信用概念的历史演进［J］．北京大学学报（哲学社会科学版），2007（06）：120-126．
［148］宋凤轩，孙颖鹿．我国财政精准扶贫的问题与优化路径［J］．甘肃社会科学，2019（06）：16-23．
［149］宋晓玲．数字普惠金融缩小城乡收入差距的实证检验［J］．财经科学，2017（06）：14-25．
［150］宋颜群，解垩．政府转移支付的扶贫效率、减贫效应及减贫方案选择［J］．当代经济科学，2020，42（02）：1-15．
［151］苏基溶，廖进中．中国金融发展与收入分配、贫困关系的经验分析——基于动态面板数据的研究［J］．财经科学，2009（12）．

[152] 苏静，胡宗义，唐李伟，肖攀. 农村非正规金融发展减贫效应的门槛特征与地区差异——基于面板平滑转换模型的分析 [J]. 中国农村经济，2013 (07)：58-71.

[153] 苏静，胡宗义. 农村金融减贫的直接效应与中介效应——基于状态空间模型和中介效应检验的动态分析 [J]. 财经理论与实践，2015，36 (04)：33-38.

[154] 孙继国，赵俊美. 普惠金融是否缩小了城乡收入差距？——基于传统和数字的比较分析 [J]. 福建论坛（人文社会科学版），2019 (10)：179-189.

[155] 孙久文，夏添. 中国扶贫战略与2020年后相对贫困线划定——基于理论、政策和数据的分析 [J]. 中国农村经济，2019 (10)：98-113.

[156] 孙咏梅，秦蒙. 高速经济增长会自动消减贫困吗？——新中国成立70年取得的减贫效果评价 [J]. 教学与研究，2019 (05)：14-25.

[157] 覃志敏. 民间组织参与我国贫困治理的角色及行动策略 [J]. 中国农业大学学报（社会科学版），2016，33 (05)：89-98.

[158] 谭昶，吴海涛，黄大湖. 产业结构、空间溢出与农村减贫 [J]. 华中农业大学学报（社会科学版），2019 (02)：8-17+163.

[159] 谭燕芝，彭千芮. 普惠金融发展与贫困减缓：直接影响与空间溢出效应 [J]. 当代财经，2018 (03)：56-67.

[160] 谭燕芝，张子豪. 社会网络、非正规金融与农户多维贫困 [J]. 财经研究，2017，43 (03)：43-56.

[161] 田银华，李晟. 金融发展减缓了农村贫困吗？——基于省际面板数据的实证研究 [J]. 首都经济贸易大学学报，2014，16 (05)：22-29.

[162] 田勇，殷俊，薛惠元. “输血”还是“造血”？面向农户的公共转移支付的减贫效应评估——基于农业产出的视角 [J]. 经济问题，2019 (03)：78-86.

[163] 王爱萍，胡海峰，张昭. 金融发展对收入贫困的影响及作用机制再检验——基于中介效应模型的实证研究 [J]. 农业技术经济，2020 (03)：70-83.

[164] 王超，刘俊霞. 中国反贫困工作40年历史演进——基于1979—2018中国

反贫困政策的量化分析［J］. 中国农村经济，2018（12）：2-18.

［165］王春超，叶琴. 中国农民工多维贫困的演进——基于收入与教育维度的考察［J］. 经济研究，2014，49（12）：159-174.

［166］王恒，秦国庆，王博，朱玉春. 社会资本、金融借贷与农户多维贫困——基于秦巴山区 3 省的微观调查数据［J］. 中国人口·资源与环境，2019，29（11）：167-176.

［167］王婧，胡国晖. 中国普惠金融的发展评价及影响因素分析［J］. 金融论坛，2013（6）：31-36.

［168］王娟，张克中. 公共支出结构与农村减贫——基于省级面板数据的证据［J］. 中国农村经济，2012（1）：31-42.

［169］王名. NGO 及其在扶贫开发中的作用［J］. 清华大学学报（哲学社会科学版），2001（01）：75-80＋94.

［170］王曙光，李冰冰. 农村金融负投资与农村经济增长——库兹涅茨效应的经验验证与矫正框架［J］. 财贸经济，2013，（02）：59-67＋90.

［171］王天雨. 信用管理体系建设与行业协会发展研究［J］. 经济问题，2004（06）：23-25.

［172］王曦璟，高艳云. 地区公共服务供给与转移支付减贫效应研究——基于多维贫困分析框架［J］. 财经理论与实践，2017，38（02）：92-98.

［173］王小林，冯贺霞. 2020 年后中国多维相对贫困标准：国际经验与政策取向［J］. 中国农村经济，2020（03）：2-21.

［174］王雪，何广文. 县域银行业竞争与普惠金融服务深化——贫困县与非贫困县的分层解析［J］. 中国农村经济，2019（04）：55-72.

［175］王颖，曾康霖. 论普惠：普惠金融的经济伦理本质与史学简析［J］. 金融研究，2016（2）：37-54.

［176］王正位，邓颖惠，廖理. 知识改变命运：金融知识与微观收入流动性［J］. 金融研究，2016（12）：111-127.

［177］温忠麟. 张雷，侯杰泰，刘红云. 中介效应检验程序及其应用［J］. 心理学报，2004（05）：614-620.

[178] 文雯．城市低保与家庭减贫——基于 CHIPS 数据的实证分析 [J]．人口与经济，2015 (02)：108-118.

[179] 吴本健，葛宇航，马九杰．精准扶贫时期财政扶贫与金融扶贫的绩效比较——基于扶贫对象贫困程度差异和多维贫困的视角 [J]．中国农村经济，2019 (07)：21-36.

[180] 吴国华．进一步完善中国农村普惠金融体系 [J]．经济社会体制比较，2013 (4)：32-45.

[181] 吴卫星，李雅君．家庭结构和金融资产配置——基于微观调查数据的实证研究 [J]．华中科技大学学报（社会科学版），2016，30 (02)：57-66.

[182] 吴卫星，吴锟，沈涛．自我效能会影响居民家庭资产组合的多样性吗 [J]．财经科学，2016 (02)：14-23.

[183] 吴毅．双重边缘化：村干部角色与行为的类型学分析 [J]．管理世界，2002 (11)：78-85＋155-156.

[184] 武继兵，邓国胜．政府与 NGO 在扶贫领域的战略性合作 [J]．理论学刊，2006 (11)：57-58.

[185] 肖挺．地区贫困、创新潜力与经济增长——基于中国省级面板数据的分析 [J]．财经研究，2016，42 (02)：16-26＋84.

[186] 谢贤君，王晓芳，陈龙．政府财政权力下放与农村减贫效应再检验——基于生产性支出结构和效率二重视角 [J]．现代财经（天津财经大学学报），2020，40 (05)：99-113.

[187] 徐爱燕，沈坤荣．财政支出减贫的收入效应——基于中国农村地区的分析 [J]．财经科学，2017 (01)：116-122.

[188] 徐康宁，陈丰龙，刘修岩．中国经济增长的真实性：基于全球夜间灯光数据的检验 [J]．经济研究，2015，50 (09)：17-29＋57.

[189] 徐林，宋程成，王诗宗．农村基层治理中的多重社会网络 [J]．中国社会科学，2017 (01)：25-45＋204-205.

[190] 徐敏，张小林．普惠制金融对城乡居民收入差距的影响 [J]．金融论坛，2014 (9)：9-15.

[191] 徐诺金. 金融生态论 [J]. 中国金融出版社，2007.

[192] 雅荣，本杰明，皮普雷克. 农村金融：问题、设计和最佳做法 [J]. 中国金融研讨会材料，2002.

[193] 杨宜勇，张强. 我国社会保障制度反贫效应研究——基于全国省际面板数据的分析 [J]. 经济学动态，2016 (06)：4-12.

[194] 叶兴庆，殷浩栋. 从消除绝对贫困到缓解相对贫困：中国减贫历程与2020年后的减贫战略 [J]. 改革，2019 (12)：5-15.

[195] 叶志强，陈习定，张顺明. 金融发展能减少城乡收入差距吗？——来自中国的证据 [J]. 金融研究，2011 (02)：42-56.

[196] 叶志强，陈习定，张顺明. 金融发展能减少城乡收入差距吗？——来自中国的证据 [J]. 金融研究，2011 (02)：42-56.

[197] 张传洲. 相对贫困的内涵、测度及其治理对策 [J]. 西北民族大学学报（哲学社会科学版），2020 (02)：112-119.

[198] 张萃. 中国经济增长与贫困减少——基于产业构成视角的分析 [J]. 数量经济技术经济研究，2011，28 (05)：51-63.

[199] 张凤华，叶初升. 经济增长、产业结构与农村减贫——基于省际面板数据的实证分析 [J]. 当代财经，2011 (12)：14-21.

[200] 张珩，罗剑朝，郝一帆. 农村普惠金融发展水平及影响因素分析——基于陕西省107家农村信用社全机构数据的经验考察 [J]. 中国农村经济，2017 (1)：2-15.

[201] 张克中，冯俊诚，鲁元平. 财政分权有利于贫困减少吗？——来自分税制改革后的省际证据 [J]. 数量经济技术经济研究，2010，27 (12)：3-15.

[202] 张宁，张兵. 农村非正规金融、农户内部收入差距与贫困 [J]. 经济科学，2015 (01)：53-65.

[203] 张鹏飞. 财政政策、精准扶贫与农村脱贫 [J]. 浙江社会科学，2019 (04)：28-35＋156.

[204] 张琦，沈扬扬. 不同相对贫困标准的国际比较及对中国的启示 [J]. 南京农业大学学报（社会科学版），2020，20 (04)：91-99.

[205] 张世定. 文化扶贫：贫困文化视阈下扶贫开发的新审思 [J]. 中华文化论坛，2016 (01)：31-36.

[206] 张爽，陆铭，章元. 社会资本的作用随市场化进程减弱还是加强？——来自中国农村贫困的实证研究 [J]. 经济学（季刊），2007 (2)，539-560.

[207] 张亦春，谢清河. 中国金融控股集团公司发展研究 [J]. 广东金融学院学报，2006 (06)：3-9.

[208] 张音，马可. 金融反贫困效应的研究综述 [J]. 金融发展研究，2015 (04)：80-84.

[209] 张召华，罗宇溪，李强. 群体分异视角下新农保"减贫"与"防贫"效果识别 [J]. 统计与决策，2019，35 (24)：90-93.

[210] 张正平，杨丹丹. 市场竞争、新型农村金融机构扩张与普惠金融发展——基于省级面板数据的检验与比较 [J]. 中国农村经济，2017 (1)：30-43.

[211] 赵波，张惠琴，张宇翔，汪鑫. 村干部素质特征与农村经济发展的关系研究 [J]. 农村经济，2013 (11)：112-117.

[212] 赵剑治，陆铭. 关系对农村收入差距的贡献及其地区差异——一项基于回归的分解分析 [J]. 经济学（季刊），2009，9 (1)：363-390.

[213] 赵仁杰，何爱平. 村干部素质、基层民主与农民收入——基于 CHIPS 的实证研究 [J]. 南开经济研究，2016 (02)：129-152.

[214] 郑超，王新军. "新农保"政策对老年人扶贫绩效的影响研究 [J]. 财经研究，2020，46 (03)：124-138.

[215] 郑功成. 中国的贫困问题与 NGO 扶贫的发展 [J]. 中国软科学，2002 (07)：9-13.

[216] 郑光梁，纪占武. 论中国非政府组织的扶贫机制建设 [J]. 辽宁工程技术大学学报（社会科学版），2007 (01)：55-57.

[217] 郑长德. 中国的金融中介发展、收入分配和贫困减缓关系的实证研究. 西部商学评论，2008 (4)：68-82.

[218] 郑中华，特日文. 中国三元金融结构与普惠金融体系建设 [J]. 宏观经济研究，2014 (7)：51-57.

［219］周国华，张汝娇，贺艳华，戴柳燕，张丽．论乡村聚落优化与乡村相对贫困治理［J］．地理科学进展，2020，39（06）：902-912．
［220］周强，张全红．农村非正规金融对多维资产贫困的减贫效应研究——基于CFPS微观家庭调查数据的分析［J］．中南财经政法大学学报，2019（04）：46-57＋159．
［221］周小川．区域金融生态环境建设与地方融资的关系［J］．中国金融，2009（16）：8-9．
［222］周晔馨，叶静怡．社会资本在减轻农村贫困中的作用：文献述评与研究展望［J］．南方经济，2014（07）：35-57．
［223］周玉龙，孙久文．社会资本与农户脱贫——基于中国综合社会调查的经验研究［J］．经济学动态，2017（04）：16-29．
［224］朱一鸣，王伟．普惠金融如何实现精准扶贫？［J］．财经研究，2017，43（10）：43-54．
［225］左停，贺莉．制度衔接与整合：农村最低生活保障与扶贫开发两项制度比较研究［J］．公共行政评论，2017，10（03）：7-25＋213．
［226］张迪．基本公共服务能巩固拓展脱贫攻坚成果吗？——来自CSS2019数据的证据［J/OL］．经济与管理：1-8［2023-04-17］．
［227］许玲丽，陈云菲．城市政府补助政策的多维减贫效应评估［J］．财经研究，2023，49（04）：65-78．
［228］解垩，李敏．内生动力与相对贫困治理——兼论公共转移支付的作用［J］．财政研究，2022（12）：3-18．
［229］徐乙尹，钟鑫，申云．“精英治社”会导致农贷“精英俘获”吗［J］．财经科学，2022（11）：73-87．
［230］傅巧灵，游涛，李媛媛，杨泽云．京津冀地区普惠金融政策对城乡收入差距的影响研究［J］．中国软科学，2021（S1）：148-156．

图书在版编目（CIP）数据

巩固脱贫攻坚成果的金融支持研究 ： 基于相对贫困的视角 / 彭千芮著． -- 湘潭 ： 湘潭大学出版社，2023.5
ISBN 978-7-5687-1035-0

Ⅰ．①巩… Ⅱ．①彭… Ⅲ．①金融－扶贫－研究－中国 Ⅳ．①F832.3

中国国家版本馆 CIP 数据核字（2023）第 047203 号

巩固脱贫攻坚成果的金融支持研究 ：基于相对贫困的视角

GONGGU TUOPIN GONGJIAN CHENGGUO DE JINRONG ZHICHI YANJIU :

JIYU XIANGDUI PINKUN DE SHIJIAO

彭千芮 著

责任编辑：姚海琼
封面设计：于 扬
出版发行：湘潭大学出版社
社 址：湖南省湘潭大学工程训练大楼
电 话：0731-58298960 0731-58298966（传真）
邮 编：411105
网 址：http://press.xtu.edu.cn/
印 刷：长沙创峰印务有限公司
经 销：湖南省新华书店
开 本：710 mm×1000 mm 1/16
印 张：11.75
字 数：200 千字
版 次：2023 年 5 月第 1 版
印 次：2023 年 5 月第 1 次印刷
书 号：ISBN 978-7-5687-1035-0
定 价：42.00 元